Langenscheidt

# Schnell mitreden auf Spanisch

100 Wörter lernen, 500 Sätze sprechen

Langenscheidt

München · Wien

Herausgegeben von der Langenscheidt-Redaktion
Autorin: Christina Sanchez
Corporate Design Umschlag: KW 43 BRANDDESIGN, Düsseldorf
Umschlaggestaltung: Guter Punkt, München


Satz: Franzis print & media GmbH, München
Druck und Bindung: C.H. Beck, Nördlingen
ISBN 978-3-468-23424-8
www.langenscheidt.de

# Inhalt

# Benutzerhinweise

- Dieser Sprachführer macht es Ihnen so leicht wie möglich, sich im spanischsprachigen Ausland zu verständigen: Sie lernen nur 100 Wörter, mit denen Sie über 500 Sätze sprechen und somit alle relevanten Reisesituationen meistern können! Um den größtmöglichen Nutzen aus diesem Buch zu ziehen, gehen Sie bitte wie folgt vor:

- Lernen Sie zunächst die 100 Wörter im nachfolgenden Hundertwortschatz. Diese wurden nicht alphabetisch geordnet, sondern in sinnhafte Gruppen gegliedert, um Ihnen das Einprägen zu erleichtern. Bei den Verben finden Sie nur die Formen, die Sie später tatsächlich benötigen. Alle Formen eines Verbs sind in einem Eintrag zusammengefasst.

- Sie müssen nur 100 Wörter lernen, aber Ihr Grundwortschatz ist eigentlich schon viel breiter, denn aus den 100 Einzelwörtern kann man Zusammensetzungen bilden. Die wichtigsten dieser Wortkombinationen finden Sie bereits im Hundertwortschatz, weitere werden später in den Kapiteln in einem Sprachtipp oder einer Fußnote erklärt und sind auch im Wörterbuch am Ende dieses Bandes zu finden.

- Sowohl im Hundertwortschatz als auch in den einzelnen Kapiteln gibt es gelb hinterlegte Sprachtipps, die Ihnen die wichtigsten Regeln oder sprachlichen Besonderheiten des Spanischen anhand von Beispielen erläutern.

- Darüber hinaus informieren Sie die grün hinterlegten Kulturtipps über bestimmte Gepflogenheiten in Spanien, die für deutschsprachige Besucher zunächst neu und ungewohnt sein könnten.

- In den einzelnen Kapiteln finden Sie – nach Themen geordnet – die wichtigsten Sätze und Ausdrücke, die Sie in der jeweiligen Situation sprechen oder auch verstehen möchten. Dabei handelt es sich bewusst um Sätze aus dem tatsächlich gesprochenen Alltagsspanisch.
  An einigen Stellen wurden die Sätze durch Bilder ergänzt; das jeweilige spanische Wort zum Bild ist jedoch direkt darunter angegeben und kann in den Satz (an der Stelle „…") eingesetzt werden.

- Das Wörterbuch ganz am Ende dieses Buches bietet Ihnen die Möglichkeit des alphabetischen Nachschlagens aller spanischen Begriffe. Im Wörterbuch finden Sie alle Wörter aus dem Hundertwortschatz, alle Bild-Wörter sowie alle festen Wendungen aus den Kapiteln.

- Damit Sie gleich erkennen können, ob eine spanische Form männlich oder weiblich ist, haben wir die Zeichen ♂ (für männlich) und ♀ (für weiblich) zur Kennzeichnung verwendet.

- In allen drei Teilen dieses Buches (Hundertwortschatz, Satzmuster zu den Reisesituationen, Wörterbuch) steht bei jedem spanischen Wort immer die vereinfachte Lautschrift, sodass Ihnen die Aussprache keine Mühe bereitet. Bei dieser Lautschrift wurde vom Deutschen ausgegangen, d. h. bis auf wenige Ausnahmen werden alle Buchstaben so ausgesprochen, wie Sie es vom Deutschen gewohnt sind.
  Bitte beachten Sie aber die folgenden Besonderheiten bzw. Sonderzeichen:
  - ch wird gesprochen wie das *ch* in *Bach*
  - θ wird gesprochen wie das englische *th* in *thing* (= gelispeltes stimmloses *ß*)
  - ng spricht man wie das *ng* in *Finger*, gefolgt von einem weiteren *g*

- Bitte beachten Sie außerdem:
  Der Buchstabe „h“ wird im Spanischen nicht gesprochen.
  Jeder Selbstlaut in der Lautschrift wird einzeln gesprochen; *ei* spricht man also wie das *ey* in *Hey*! (und nicht wie das *ei* in *dabei*).
  Das Zeichen ˈ schließlich bedeutet, dass die nachfolgende Silbe betont ausgesprochen werden soll.

- Hier finden Sie eine Übersicht der verwendeten grammatischen Begriffe sowie einige Beispiele:

| | **deutsche Beispiele** | **spanische Beispiele** |
|---|---|---|
| **Artikel** | der, eine, ein | el, una, un |
| **Adjektiv** | warm, schön, nett | caliente, bonito, simpático |
| **Adverb** | leise, ernsthaft, gut | silencioso, seriamente, bien |
| **Substantiv** | Reise, Flugzeug, Wetter | viaje, avión, tiempo |
| **Verb** | sprechen, lesen, entspannen | hablar, leer, relajar |
| **Pronomen** | mir, dein, ihr | me, tu, vosotros |

# Hundertwortschatz

| | | |
|---|---|---|
| 1 | **sí** si | ja |
| 2 | **no** no | nein; nicht; kein/keine |
| 3 | **el** el | der |
| | **la** la | die (Einzahl) |
| | **los** ♂ los | die (Mehrzahl); sie (Pronomen) |
| | **las** ♀ las | die (Mehrzahl); sie (Pronomen) |
| 4 | **un** un | ein |
| | **una** ˈuna | eine |
| 5 | **este** ˈeste | dieser |
| | **estos** ♂ ˈestos | diese (Mehrzahl) |
| | **esta** ♀ ˈesta | diese (Einzahl) |
| | **estas** ♀ ˈestas | diese (Mehrzahl) |
| | **esto** ˈesto | das hier, das da |

**SPRACHTIPP**

Im Gegensatz zum Deutschen hat das Spanische nicht drei grammatische Geschlechter (männliches *der*, weibliches *die* und sächliches *das*), sondern nur zwei. Der männliche bestimmte Artikel heißt *el*, der weibliche *la*. In der Mehrzahl lauten diese Artikel *los* und *las*.
Bei den Formen *esto(s)* und *esta(s)* wird die Mehrzahl ganz regelmäßig durch Anhängen eines *-s* gebildet.

| | | |
|---|---|---|
| 6 | **yo** jo | ich |
| 7 | **me** me | mir/mich |
| 8 | **mi** mi | mein/meine (Einzahl) |

| | | |
|---|---|---|
| 9 | **tu** tu | dein/deine (Einzahl) |
| 10 | **te** te | dir/dich |
| 11 | **lo** lo | ihn/sie/es |
| 12 | **le** le | ihm/ihr/ihn; Ihnen/Sie |
| 13 | **usted** usˈteθ | Sie (Einzahl) |
| 14 | **su** su | sein/ihr; Ihr; seine/ihre; Ihre (Einzahl) |
| 15 | **se** se | sich; man |
| 16 | **nos** nos | uns |
| 17 | **en** en | in |
| 18 | **de** de | aus; von |
| 19 | **a** a | nach; zu |
| 20 | **con** kon | mit |
| 21 | **hasta** ˈasta | bis |
| 22 | **para** ˈpara | für; um zu |
| 23 | **por** por | für; während |

## SPRACHTIPP

*Por* bedeutet „für“ in Sätzen wie *Gracias por todo* (Danke für alles.). Bei Zeitangaben hat es die Bedeutung „während“: *por la mañana* (während des Morgens; am Morgen). In Verbindung mit *aquí* „hier“ kann es als *por aquí* sowohl „hier in der Nähe“ als auch „hier entlang“ heißen. In Kombination mit *dónde* „wo“ (*por dónde*) bedeutet es „wo entlang“.

| | | |
|---|---|---|
| 24 | **y** i | und |
| 25 | **pero** ˈpero | aber |
| 26 | **muy** mui | sehr |
| 27 | **algo** ˈalgo | etwas |
| 28 | **nada** ˈnada | nichts |
| | **de nada** de ˈnada | bitte, gern geschehen |
| 29 | **otro** ˈotro | ein anderer/anderes; noch ein |
| 30 | **poco** ˈpoko | wenig |
| 31 | **menos** ˈmenos | weniger |
| 32 | **mucho** ˈmutscho | viel |
| 33 | **más** mas | mehr |
| 34 | **demasiado** demaˈsjado | zu viel, allzu |
| 35 | **todo** ˈtodo | alles |
| 36 | **uno** ˈuno | eins; einen/eines |
| 37 | **dos** dos | zwei |

### SPRACHTIPP

Weibliche Formen und die Mehrzahl werden von *mucho* ♂, *todo* ♂ und *otro* ♂ ebenso wie von den meisten anderen spanischen Adjektiven so gebildet: Ersetzt man das *-o* am Ende von *mucho* durch ein *-a*, erhält man die weibliche Form *mucha* ♀. Für die Mehrzahl wird ein *-s* angehängt, dann erhält man *muchos* ♂ und *muchas* ♀.

| | | |
|---|---|---|
| 38 | **quién** kjen | wer |
| 39 | **qué** ke | was?, welcher/welche/ welches? (Fragewort)<br>wie …! (Ausruf) |
| 40 | **que** ke | als; was; der/die/das (bezügliches Pronomen), welcher/welche/welches (bezügliches Pronomen) |
| 41 | **cuándo** ˈkuando | wann |
| 42 | **cuánto** ˈkuanto<br>**cuántos** ˈkuantos | wie viel<br>wie viele |
| 43 | **dónde** ˈdonde | wo |
| 44 | **cómo** ˈkomo | wie S. 28 |
| 45 | **hoy** oi | heute |
| 46 | **mañana** maˈnjana | morgen |
| 47 | **ya** ja | schon |
| 48 | **luego** ˈluego | nachher |
| 49 | **tarde** ˈtarde | spät |
| 50 | **también** tamˈbjen | auch |
| 51 | **aquí** aˈki | hier |
| 52 | **cerca** ˈθerka | in der Nähe |
| 53 | **el día** el ˈdia | Tag |
| 54 | **la mañana** la maˈnjana | Morgen |
| 55 | **la tarde** la ˈtarde | Nachmittag; Abend |

| | | |
|---|---|---|
| 56 | **la noche** la ˈnotsche | Nacht; Abend |
| 57 | **el año** el ˈanjo | Jahr |
| 58 | **el tiempo** el ˈtjempo | Zeit; Wetter |
| 59 | **la cama** la ˈkama | Bett |
| 60 | **la habitación** la abitaˈθjon | Zimmer |
| 61 | **el calor** el kaˈlor | Wärme; Hitze |
| 62 | **el regalo** el reˈgalo | Geschenk |
| 63 | **el favor** el faˈwor<br>**por favor** por faˈwor | der Gefallen<br>bitte |

## SPRACHTIPP

Bei spanischen Substantiven, die auf *-o*, *-a* oder *-e* enden, bildet man die Mehrzahl, indem man ein *-s* anhängt – und das sieht dann so aus: *regalo – regalos*; *día – días*; *tarde – tardes*.
Wenn das spanische Substantiv aber auf einen Mitlaut wie *l*, *n*, *r*, *z* usw. endet, so entsteht die Mehrzahl durch das Anhängen von *-es*, wie z. B. bei *habitación – habitaciones*.
Übrigens sind die meisten Wörter, die auf *-o* enden, männlich und die meisten, die auf *-a* enden, weiblich.

| | | |
|---|---|---|
| 64 | **bueno** ˈbueno | gut |
| 65 | **mejor** meˈchor | besser |
| 66 | **bien** ˈbjen | gut (Adverb) |
| 67 | **mal** mal | schlecht (Adverb) |

| | | |
|---|---|---|
| 68 | **bonito** boˈnito | schön |
| 69 | **grande** ˈgrande | groß |

### SPRACHTIPP

Die Adjektive müssen im Spanischen immer zu den Substantiven, zu denen sie gehören, in Geschlecht (männlich oder weiblich) und Zahl (Einzahl oder Mehrzahl) passen: *El regalo es bonito* (Das Geschenk ist schön.), aber *La cama es bonita* (Das Bett ist schön.) und *Los regalos son bonitos* (Die Geschenke sind schön.).
Wenn „gut“ als Adverb gebraucht wird, also zum Verb gehört, wird es übrigens nicht mit *bueno* übersetzt, sondern immer mit *bien*: *Estoy bien* (Mir geht es gut.).

| | | |
|---|---|---|
| 70 | **ser** ser | sein |
| | **soy** soi | ich bin |
| | **eres** ˈeres | du bist |
| | **es** es | er/sie/es ist; Sie sind (Einzahl) |
| | **somos** ˈsomos | wir sind |
| | **son** son | sie sind |
| 71 | **estar** esˈtar | sein |
| | **estoy** esˈtoi | ich bin |
| | **estás** esˈtas | du bist |
| | **está** esˈta | er/sie/es ist; Sie sind (Einzahl) |
| | **estamos** esˈtamos | wir sind |

### SPRACHTIPP

Sowohl *ser* als auch *estar* werden im Deutschen mit „sein“ übersetzt. Doch während *ser* dauerhafte Eigenschaften bezeichnet, bezieht sich *estar* nur auf den gegenwärtigen Zustand. Daher sagt man: *Juanita es muy guapa* (Juanita ist sehr hübsch.), aber *Juanita está muy guapa esta noche* (Juanita hat sich heute Abend sehr hübsch gemacht.).

| | |
|---|---|
| 72 **hacer** aˈθer | tun, machen |
| **hago** ˈago | ich mache |
| **haces** ˈaθes | du machst |
| **hace** ˈaθe | er/sie/es macht; Sie machen (Einzahl) |
| **hacemos** aˈθemos | wir machen |
| 73 **poder** poˈder | können; dürfen |
| **puedo** ˈpuedo | ich kann |
| **podría** poˈdria | ich könnte, er/sie/es könnte; Sie könnten (Einzahl) |
| **puedes** ˈpuedes | du kannst |
| **podrías** poˈdrias | du könntest |
| **puede** ˈpuede | er/sie/es kann; Sie können (Einzahl) |
| **podemos** poˈdemos | wir können |
| 74 **querer** keˈrer | mögen; wollen; lieben |
| **quiero** ˈkjero | ich möchte |
| **quieres** ˈkjeres | du möchtest |
| **quiere** ˈkjere | er/sie/es möchte; Sie möchten (Einzahl) |
| **queremos** keˈremos | wir möchten |

x quisiera

| | |
|---|---|
| 75 **tener** teˈner | haben |
| **tengo** ˈtengo | ich habe |
| **tienes** ˈtjenes | du hast |
| **tiene** ˈtjene | er/sie/es hat; Sie haben (Einzahl) |
| **tenemos** teˈnemos | wir haben |

**SPRACHTIPP**

In Verbindung mit nachgestelltem *que* bedeutet *tener* „müssen“: *Tengo que comer algo* (Ich muss etwas essen.).

| | |
|---|---|
| 76 **necesito** neθeˈsito | ich brauche |
| **necesitamos** neθesiˈtamos | wir brauchen |
| 77 **ir** ir | gehen; fahren |
| **voy** woi | ich gehe |
| **vas** was | du gehst |
| **va** wa | er/sie/es geht; Sie gehen (Einzahl) |
| **vamos** ˈwamos | wir gehen |

**SPRACHTIPP**

Ursprünglich bedeutet *ir* „gehen“. In Verbindung mit *a* und einem zweiten Verb in der Grundform wird es aber auch verwendet, um über die Zukunft zu sprechen: *Voy a comer algo* bedeutet dann „Ich werde etwas essen“.

| | |
|---|---|
| 78 **comer** koˈmer | essen |
| **come** ˈkome | er/sie/es isst; Sie essen (Einzahl) |

| | |
|---|---|
| 79 **ver** wer | sehen; treffen |
| **veo** weo | ich sehe |
| **ves** wes | du siehst |
| **vemos** ˈwemos | wir sehen |
| 80 **vivir** wiˈwir | leben |
| **vivo** ˈwiwo | ich lebe |
| **vives** ˈwiwes | du lebst |
| **vive** ˈwiwe | er/sie/es lebt; Sie leben (Einzahl) |
| **vivimos** wiˈwimos | wir leben |
| 81 **me llamo** me ˈjamo | ich heiße |
| **te llamas** te ˈjamas | du heißt |
| **se llama** se ˈjama | er/sie/es heißt; Sie heißen (Einzahl) |
| 82 **comprar** komˈprar | kaufen |
| **compro** ˈkompro | ich kaufe |
| 83 **gusta** ˈgusta | er/sie/es gefällt |
| **gustas** ˈgustas | du gefällst |
| **gustaría** gustaˈria | er/sie/es würde gefallen |
| 84 **entrar** enˈtrar | hineingehen |
| 85 **pagar** paˈgar | (be)zahlen |
| 86 **ayudar** ajuˈdar | helfen |
| 87 **beber** beˈber | trinken |
| 88 **dormir** dorˈmir | schlafen |
| 89 **cuesta** ˈkuesta | es kostet |
| **cuestan** ˈkuestan | sie kosten |
| 90 **duele** ˈduele | es tut weh |
| 91 **hay** ai | es gibt |
| **hay que** ˈai ke | man muss |

| | | |
|---|---|---|
| 92 | **he** e | ich bin; ich habe [Hilfsverb für die Vergangenheit] |
| | **hemos** ˈemos | wir sind; wir haben |
| 93 | **perdido** perˈdido | verloren; verirrt |
| 94 | **roto** ˈroto | kaputt; gebrochen |
| 95 | **estado** esˈtado | gewesen |

### SPRACHTIPP

Mit den Hilfsverben *he/hemos* und Formen wie *perdido* (verloren), *roto* (kaputt) oder *estado* (gewesen) haben Sie eine Möglichkeit, über die Vergangenheit zu sprechen: *He roto…* bedeutet „Ich habe … kaputt gemacht".

| | | |
|---|---|---|
| 96 | **Hola.** ˈola | Hallo. |
| 97 | **Adiós.** aˈdjos | Auf Wiedersehen./ Tschüs. |
| 98 | **Gracias.** ˈgraθias | Danke. |
| 99 | **Perdón.** perˈdon | Entschuldigung. |
| 100 | **Alemania*** aleˈmania | Deutschland |

* Lernen Sie bitte nur entsprechend Ihrem Herkunftsland:
**Austria** ˈaustria — Österreich
**Suiza** ˈsuiθa — Schweiz

# Von Mensch zu Mensch

## Jemanden begrüßen

Die folgende Begrüßung passt zu jeder Tages- und Nachtzeit. Sie können damit Menschen begrüßen, die Sie duzen oder siezen:

| | |
|---|---|
| **Hola.** ˈola | Hallo./Guten Tag/Morgen/Abend. |
| **Hola a todos.** ♂<br>ˈola a ˈtodos | Hallo allerseits. |
| **Hola a todas.** ♀<br>ˈola a ˈtodas | Hallo allerseits. |

**SPRACHTIPP**

Während sich die männliche Form *todos* („alle"; hier im Sinne von „allerseits") nicht nur auf rein männliche, sondern auch auf gemischte Gruppen beziehen kann, verwendet man die weibliche Form *todas* nur bei rein weiblichen Gruppen.

Etwas spezifischer können Sie auch sagen:

| | |
|---|---|
| **Buenos días.** ˈbuenos ˈdias | Guten Morgen/Tag. |
| **Buenas tardes.**<br>ˈbuenas ˈtardes | Guten Tag/Abend. |
| **Buenas noches.**<br>ˈbuenas ˈnotsches | Gute Nacht. |

**KULTURTIPP**

Mit *buenos días* begrüßt man sich in Spanien vom frühen Morgen bis zum Zeitpunkt des Mittagessens. Ab dann lautet der passende Gruß *buenas tardes*. Spät am Abend oder wenn man schlafen geht, sagt man schließlich *buenas noches*.
Von den Worten einmal abgesehen, gibt man sich in Spanien gerne ein angedeutetes Küsschen auf die linke und rechte Wange.

## Sich verabschieden

So können Sie sich verabschieden:

| | |
|---|---|
| **Adiós.** aˈdjos | Auf Wiedersehen./Tschüs. |
| **Adiós a todos.** ♂ aˈdjos a ˈtodos | Auf Wiedersehen allerseits. |
| **Adiós a todas.** ♀ aˈdjos a ˈtodas | Auf Wiedersehen allerseits. |
| **Hasta luego.** ˈasta ˈluego | Bis später. |
| **Adiós, hasta luego.** aˈdjos ˈasta ˈluego | Tschüs, bis später. |
| **¡Nos vemos!** ˈnos ˈwemos | Man sieht sich! |

**SPRACHTIPP**

Im Spanischen werden Ausrufesätze durch ein umgedrehtes Ausrufezeichen und Fragesätze durch ein umgedrehtes Fragezeichen eingeleitet.

So können Sie sich noch genauer verabschieden:

| | |
|---|---|
| **¡Hasta mañana!** ˈasta maˈnjana | Bis morgen! |
| **¡Hasta esta tarde!** ˈasta ˈesta ˈtarde | Bis heute Nachmittag/ Abend! |
| **¡Hasta esta noche!** ˈasta ˈesta ˈnotsche | Bis heute Abend/Nacht! |
| **¡Hasta mañana por la tarde!** ˈasta maˈnjana por la ˈtarde | Bis morgen Nachmittag/ Abend! |
| **¡Hasta mañana por la noche!** ˈasta maˈnjana por la ˈnotsche | Bis morgen Abend/Nacht! |
| **¡Hasta la una!** ˈasta la ˈuna | Bis um eins! |
| **¡Hasta las dos!** ˈasta las ˈdos | Bis um zwei! |
| **¡Hasta las… [Zahl]!** ˈasta las | Bis um …! |

**WEITERE ZAHLEN** zum Einsetzen finden Sie auf Seite 119.

| | |
|---|---|
| **¡Hasta mañana a la una!** ˈasta maˈnjana a la ˈuna | Bis morgen um eins! |
| **¡Hasta mañana a las dos de la tarde!** ˈasta maˈnjana a las ˈdos de la ˈtarde | Bis morgen Nachmittag um zwei! |
| **¡Hasta el …!** ˈasta el | Bis …! |

**DIE WOCHENTAGE** zum Einsetzen finden Sie auf Seite 121.

## KULTURTIPP

In Spanien geht man abends sehr viel später aus als in Deutschland. So kann es vorkommen, dass vor Mitternacht noch nicht viel los ist. Wenn Sie das spanische Nachtleben also genießen möchten, ist eine *siesta* (Mittagsschlaf) sehr zu empfehlen – zumal es im Sommer am Nachmittag ohnehin meist zu heiß ist, um etwas zu unternehmen.

Und noch ein netter Gruß zum Abschied:

| | |
|---|---|
| **¡Todo lo mejor!*** <br>ˈtodo lo meˈchor | Alles Gute! |
| **¡Buen día!** ˈbuen ˈdia | Schönen Tag noch! |

## SPRACHTIPP

Wenn das Adjektiv *bueno* (gut) vor (und nicht hinter) einem Substantiv steht, fällt bei ihm das *-o* am Ende weg, wie z. B. oben in *buen día* (schönen Tag) oder in *buen tiempo* (schönes Wetter).

* Achtung feste Wendung:
**¡Todo lo mejor!** ˈtodo lo meˈchor — Alles Gute!

## Sich vorstellen

So können Sie sich nach dem Namen Ihres Gegenübers erkundigen:

| | |
|---|---|
| **¿Cómo te llamas?**<br>ˈkomo te ˈjamas | Wie heißt du? |
| **¿Cómo se llama usted?**<br>ˈkomo se ˈjama usˈteθ | Wie heißen Sie? |

So können Sie auf die Frage nach Ihrem Namen antworten und sich und andere vorstellen:

| | |
|---|---|
| **Yo soy…** ˈjo ˈsoi | Ich bin/heiße … |
| **Soy…** soi | Ich bin/heiße … |
| **Me llamo…** me ˈjamo | Ich heiße … |
| **Este es… [Name]** ♂<br>ˈeste es | Das ist … |
| **Esta es… [Name]** ♀<br>ˈesta es | Das ist … |

**SPRACHTIPP**

Im Spanischen lässt man meistens das persönliche Pronomen weg, denn es ist bereits in der jeweiligen Form des Verbs enthalten. So kann man zwar sagen *Yo soy…* (Ich bin …); üblicher ist jedoch, nur zu sagen *Soy…*

## Sich bedanken und Komplimente machen

Auf Reisen kommt es oft vor, dass man sich bedanken möchte. Dann sagt man:

**Gracias.** ˈgraθias — Danke.

**Muchas gracias.** ˈmutschas ˈgraθias — Vielen Dank.

Die passende Entgegnung lautet:

**De nada.** de ˈnada — Bitte./Gern geschehen.

Etwas ausführlicher können Sie sich auch so bedanken:

**Muchas gracias por…** ˈmutschas ˈgraθias por — Vielen Dank für …

**el café**
el kaˈfe

**la cerveza**
la θerˈweθa

**el vino**
el ˈwino

**Muchas gracias por todo.** ˈmutschas ˈgraθias por ˈtodo — Vielen Dank für alles.

**Muchas gracias por todo esto.** ˈmutschas ˈgraθias por ˈtodo ˈesto — Vielen Dank für all das.

**Gracias a todos.** ♂ ˈgraθias a ˈtodos — Danke euch/Ihnen allen.

| | |
|---|---|
| **Muchas gracias a todas.** ♀ ˈmutschas ˈgraθias a ˈtodas | Vielen Dank euch/Ihnen allen. |
| **Gracias por tu regalo.** ˈgraθias por tu reˈgalo | Danke für dein Geschenk. |
| **Muchas gracias por su regalo.** ˈmutschas ˈgraθias por su reˈgalo | Vielen Dank für Ihr Geschenk. |
| **Gracias por pagar.** ˈgraθias por paˈgar | Danke fürs Zahlen. |
| **Gracias por poder estar aquí.** ˈgraθias por poˈder esˈtar aˈki | Danke, dass ich hier sein kann./Danke, dass wir hier sein können. |

### SPRACHTIPP

Meist heißt das deutsche Wort „für" auf Spanisch *para*: *Es para usted* (Das ist für Sie.).
Eine Ausnahme bildet jedoch der Begriff „danke für", denn hier verwendet man im Spanischen das Wort *por*: *Gracias por su regalo* (Danke für Ihr Geschenk.).

| | |
|---|---|
| **Gracias por los regalos.** ˈgraθias por los reˈgalos | Danke für die Geschenke. |
| **Muchas gracias por los regalos.** ˈmutschas ˈgraθias por los reˈgalos | Vielen Dank für die Geschenke. |
| **Gracias por todos estos regalos.** ˈgraθias por ˈtodos ˈestos reˈgalos | Danke für all diese Geschenke. |

**KULTURTIPP**

Wenn man Sie, wie es unter Spaniern sehr üblich ist, in einer Bar zu einem Getränk eingeladen hat, sollten Sie sich bei der nächsten Runde revanchieren.
Bei einem gemeinsamen Essen ist es üblich, den Rechnungsbetrag einfach durch die Zahl der Anwesenden zu teilen, sodass alle gleich viel zahlen.

Das Adjektiv *bonito/-a* lässt sich auf Vieles anwenden, was man Ihnen zeigen oder vorführen wird:

**Es una… muy bonita.** Das ist eine sehr schöne …!
es ˈuna… ˈmui boˈnita

**ciudad**
θiuˈdaθ

**iglesia**
iˈglesia

**¡Qué bonito!** ♂ ˈke boˈnito — Das ist aber schön!

**¡Qué regalo más bonito!** — Was für ein schönes Geschenk!
ˈke reˈgalo mas boˈnito

**SPRACHTIPP**

*Qué* (wie) wird oft in Ausrufen verwendet: *¡Qué grande!* (Wie groß!). In Verbindung mit más (eigentlich: „mehr") hat es die Bedeutung „was für ein": *¡Qué regalo más bonito!* (Was für ein schönes Geschenk!).

**Es un regalo muy bonito.**
es un re'galo 'mui bo'nito

Das ist ein sehr schönes Geschenk.

**Es una habitación muy bonita.**
es 'una abita'θjon 'mui bo'nita

Das ist ein sehr schönes Zimmer.

**Son regalos muy buenos.**
son re'galos 'mui 'buenos

Das sind sehr gute Geschenke.

**¿Dónde los puedo comprar? ♂**
'donde los 'puedo kom'prar

Wo kann ich sie kaufen?

## SPRACHTIPP

Wenn ein Artikel alleine, also ohne Substantiv, vor einem Verb steht, ersetzt er ein Substantiv. Dann heißt es statt *Quiero la noche* (Ich mag die Nacht.): *La quiero* (Ich mag sie.), und statt *¿Dónde puedo comprar los regalos?* (Wo kann ich die Geschenke kaufen?) nur noch *¿Dónde los puedo comprar?* (Wo kann ich sie kaufen?).

**Son... muy buenas. ♀**
son... 'mui 'buenas

Das ist eine/sind sehr gute ...

**gafas de sol**
'gafas de sol

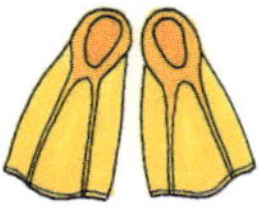

**aletas**
a'letas

**galletas**
ga'jetas

**¿Dónde las puedo comprar? ♀**
'donde las 'puedo kom'prar

Wo kann ich sie kaufen?

## Verständigungsprobleme lösen

Wenn Sie einmal jemanden nicht verstanden haben, können Sie darauf mit einer kurzen Frage aufmerksam machen:

| | |
|---|---|
| **¿Perdón?** perˈdon | Entschuldigung? |
| **¿Cómo?** ˈkomo | Wie bitte? |
| **¿Qué?** ke | Was? |

Wenn Sie einen Ausdruck o. Ä. in diesem Buch suchen müssen und das einen Moment dauert, können Sie sagen:

| | |
|---|---|
| **Perdón, necesito un poco de tiempo.** perˈdon neθeˈsito un ˈpoko de ˈtjempo | Entschuldigung, ich brauche ein bisschen Zeit. |
| **Perdón, necesito ver esto.** perˈdon neθeˈsito ˈwer ˈesto | Entschuldigung, ich muss das hier nachschlagen. |
| **Perdón, necesito tiempo para ver esto.** perˈdon neθeˈsito ˈtjempo ˈpara ˈwer ˈesto | Entschuldigung, ich brauche Zeit, um das hier nachzuschlagen. |

**SPRACHTIPP**

*Para* (für) wird auch vor Verben, wie z. B. *ver* (sehen) verwendet. Dann bedeutet es „um zu“: *para ver* (um zu sehen).

| | |
|---|---|
| **Está aquí.** esˈta aˈki | Hier ist es. |
| **No está aquí.** ˈno esˈta aˈki | Hier ist es nicht. |

> **SPRACHTIPP**
>
> Zur Verneinung wird im Spanischen einfach ein *no* vor das Verb gestellt. So wird *Está aquí* (Hier ist es.) zu *No está aquí* (Hier ist es nicht.).

Worauf man Ihnen möglicherweise erwidern wird:

| | |
|---|---|
| **Hay tiempo.** ˈai ˈtjempo | Es ist genug Zeit. |
| **Tengo tiempo.** ˈtengo ˈtjempo | Ich habe Zeit. |

Sie können natürlich auch Ihren Wortschatz ausbauen, indem Sie neue Wörter dazulernen. Wenn Sie wissen möchten, wie ein bestimmter Gegenstand heißt, können Sie darauf zeigen und fragen:

| | |
|---|---|
| **¿Qué es?** ˈke ˈes | Was ist das? |
| **¿Qué es esto?** ˈke es ˈesto | Was ist das da? |
| **¿Cómo se llama?** ˈkomo se ˈjama | Wie heißt das? |
| **¿Cómo se llama esto?** ˈkomo se ˈjama ˈesto | Wie heißt das da? |

Falls Ihr Gegenüber plötzlich ohne ersichtlichen Grund erstaunt aussehen sollte, könnte es daran liegen, dass Sie etwas nicht ganz richtig gesagt haben. So können Sie sich nach dem Fehler erkundigen:

| | |
|---|---|
| **¿Qué está mal?** ˈke esˈta ˈmal | Was ist falsch? |
| **¿Está mal?** esˈta ˈmal | Ist das falsch? |

**SPRACHTIPP**

Im Spanischen bildet man Fragen mit einem Fragewort zu Beginn des Satzes, z. B. wie im obigen Satz mit *qué* (was). Ansonsten kann man aber auch einen normalen Aussagesatz mit fragender Stimme sprechen. Dadurch wird z. B. *Está mal* (Das ist falsch.) zu der Frage *¿Está mal?* (Ist das falsch?).

| | |
|---|---|
| **¿No está bien?** ˈno esˈta ˈbjen | Ist das nicht richtig? |
| **¿Algo no está bien?** ˈalgo no esˈta ˈbjen | Ist etwas nicht richtig? |
| **¿Qué no está bien?** ˈke no esˈta ˈbjen | Was ist nicht richtig? |

Falls Sie den Verdacht haben, dass ein von Ihnen verwendetes Wort nicht korrekt war, können Sie auf den Gegenstand zeigen, von dem Sie sprechen möchten, und fragen:

| | |
|---|---|
| **¿... [Wort wiederholen] no está bien?** ˈno esˈta ˈbjen | Ist ... nicht richtig? |
| **¿No es un... [Wort]?** ˈno es un | Ist das kein ...? |
| **¿Esto no es un...?** ˈesto ˈno es un | Ist das da kein ...? |
| **¿Esto no es una...?** ˈesto ˈno es ˈuna | Ist das da keine ...? |
| **¿No se llama...?** ˈno se ˈjama | Heißt das nicht ...? |
| **¿Esto no se llama...?** ˈesto ˈno se ˈjama | Heißt das da nicht ...? |

# Smalltalk

## Das Befinden

Die Frage nach dem Befinden des Gesprächspartners gehört bei Freunden, Freundinnen und Bekannten mit zum Gruß. Man erwartet darauf aber keine ausführliche Auskunft.

**¿Cómo estás?** ˈkomo esˈtas — Wie geht es dir?

**¿Cómo está?** ˈkomo esˈta — Wie geht es Ihnen?

**KULTURTIPP**

Im Spanischen gibt es wie im Deutschen eine Du-Form – z. B. *haces* „du machst" – und eine höflichere Sie-Form – z. B. *hace* „Sie machen" –, wobei man sich allerdings etwas leichter duzt als im Deutschen.

In der Regel antwortet man auf die Frage nach dem Befinden positiv, genau wie im Deutschen:

**Bien.** ˈbjen — Gut.

**Muy bien.** ˈmui ˈbjen — Sehr gut.

**Muy bien, gracias.** ˈmui ˈbjen ˈgraθias — Sehr gut, danke.

**Bien, gracias.** ˈbjen ˈgraθias — Gut, danke.

**Estoy bien, gracias.** esˈtoi ˈbjen ˈgraθias — Es geht mir gut, danke.

**Estamos bien, gracias.** esˈtamos ˈbjen ˈgraθias — Es geht uns gut, danke.

| | |
|---|---|
| **No podría ir mejor.** noˈpoˈdria ir meˈchor | Es könnte nicht besser gehen. |
| **¿Y usted?** i usˈteθ | Und wie geht es Ihnen? |

Aber natürlich kann die Antwort auch einmal weniger gut ausfallen:

| | |
|---|---|
| **No muy bien.** ˈno mui ˈbjen | Nicht sehr gut. |
| **No demasiado bien.** ˈno demaˈsjado ˈbjen | Nicht allzu gut. |
| **Mal.** mal | Schlecht. |
| **Muy mal.** mui ˈmal | Sehr schlecht. |
| **Podría ir mejor.** poˈdria ir meˈchor | Es könnte besser gehen. |
| **Podría ir mucho mejor.** poˈdria ˈir ˈmutscho meˈchor | Es könnte viel besser gehen. |

Wenn Sie wissen, dass es jemandem in letzter Zeit nicht so gut ging, können Sie auch genauer nachfragen:

| | |
|---|---|
| **¿Cómo estás hoy?** ˈkomo esˈtas ˈoi | Wie geht es dir heute? |
| **¿Cómo está hoy?** ˈkomo esˈta ˈoi | Wie geht es Ihnen heute? |
| **¿Estás mejor?** esˈtas meˈchor | Geht es dir besser? |
| **¿Ya está mejor?** ˈja esˈta meˈchor | Geht es Ihnen schon besser? |
| **¿Estás mejor hoy?** esˈtas meˈchor ˈoi | Geht es dir heute besser? |

Dann lautet die Antwort hoffentlich:

| | |
|---|---|
| **Mejor.** meˈchor | Besser. |
| **Sí, estoy mejor.** ˈsi esˈtoi meˈchor | Ja, es geht mir besser. |
| **Ya estamos mejor.** ˈja esˈtamos meˈchor | Es geht uns schon besser. |
| **Hoy estoy mejor.** ˈoi esˈtoi meˈchor | Heute geht es mir besser. |
| **Estoy mucho mejor.** esˈtoi ˈmutscho meˈchor | Es geht mir viel besser. |
| **Hoy ya estoy mucho mejor.** ˈoi ja esˈtoi ˈmutscho meˈchor | Heute geht es mir schon viel besser. |

Falls noch keine Besserung eingetreten sein sollte, können Sie versuchen, Ihr Gegenüber etwas aufzumuntern:

| | |
|---|---|
| **Con el tiempo va a ir mejor.** kon el ˈtjempo wa a ˈir meˈchor | Mit der Zeit wird es besser gehen. |

### SPRACHTIPP

Ursprünglich bedeutet *ir* „gehen“. In Verbindung mit *a* und einem zweiten Verb in der Grundform wird es aber auch verwendet, um über die Zukunft zu sprechen: *Mañana va a ser mejor* heißt dann folglich „Morgen wird es besser sein“.

## Herkunft

Gerade im Urlaub ist die Frage, wo man herkommt, meist eine der ersten. Sie können sie folgendermaßen stellen und beantworten:

| | |
|---|---|
| **¿De dónde eres?**<br>de ˈdonde ˈeres | Woher kommst du? |
| **¿De dónde es usted?**<br>de ˈdonde es usˈteθ | Woher kommen Sie? |
| **Soy de Alemania.***<br>ˈsoi de aleˈmania | Ich bin aus Deutschland. |
| **Somos de Alemania.**<br>ˈsomos de aleˈmania | Wir sind aus Deutschland. |
| **¿Y de dónde en Alemania?**<br>i de ˈdonde en aleˈmania | Und woher in Deutschland? |
| **Soy de… [Name der Stadt]**<br>ˈsoi de | Ich bin aus … |
| **Somos de… [Stadt]**<br>ˈsomos de | Wir sind aus … |
| **¿Dónde vives?**<br>ˈdonde ˈwiwes | Wo lebst du? |
| **¿Dónde vive usted?**<br>ˈdonde ˈwiwe usˈteθ | Wo leben Sie? |
| **Vivo en… [Stadt]** ˈwiwo en | Ich lebe in … |
| **Vivimos en… [Stadt]**<br>wiˈwimos en | Wir leben in … |

* **Austria** ˈaustria — Österreich
**Suiza** ˈsuiθa — Schweiz

| | |
|---|---|
| **¿No es cerca de… [Stadt]**<br>no es ˈθerka de | Ist das nicht in der Nähe von …? |
| **Sí, es cerca de… [Stadt]**<br>ˈsi es ˈθerka de | Ja, das ist in der Nähe von … |
| **Sí, es muy cerca de… [Stadt]**<br>ˈsi es mui ˈθerka de | Ja, das ist ganz in der Nähe von … |
| **No, no es cerca de… [Stadt]**<br>ˈno no es ˈθerka de | Nein, das ist nicht in der Nähe von … |
| **Vivo cerca de… [Stadt]**<br>ˈwiwo ˈθerka de | Ich lebe in der Nähe von … |
| **Vivimos cerca de… [Stadt]**<br>wiˈwimos ˈθerka de | Wir leben in der Nähe von … |

## SPRACHTIPP

Lassen Sie sich nicht verwirren: Das spanische *no* hat die Bedeutungen „nein“ und „nicht“, sodass es in manchen Sätzen gleich zweimal hintereinander steht, wie z. B. in *No, no es cerca de…* (Nein, das ist nicht in der Nähe von …).

| | |
|---|---|
| **¿Qué hay cerca de… [Stadt]**<br>ˈke ai ˈθerka de | Was gibt es in der Nähe von …? |
| **… [Stadt] está cerca de… [Stadt]**<br>esˈta ˈθerka de | … ist in der Nähe von … |
| **¿Eres de aquí?** ˈeres de aˈki | Bist du von hier? |
| **¿Usted es de aquí?**<br>usˈteθ es de aˈki | Sind Sie von hier? |

| | |
|---|---|
| **Sí, soy de aquí.** ˈsi soi de aˈki | Ja, ich bin von hier. |
| **Sí, somos de aquí.** ˈsi ˈsomos de aˈki | Ja, wir sind von hier. |
| **No soy de aquí.** ˈno soi de aˈki | Ich bin nicht von hier. |
| **No, no somos de aquí.** ˈno ˈno ˈsomos de aˈki | Nein, wir sind nicht von hier. |
| **Pero vivo cerca de aquí.** ˈpero ˈwiwo ˈθerka de aˈki | Aber ich lebe in der Nähe von hier. |

Vielleicht waren Ihre Gesprächspartner oder Gesprächspartnerinnen ja schon einmal in Ihrem Herkunftsland:

| | |
|---|---|
| **Ya he estado en Alemania*.** ˈja e esˈtado en aleˈmania | Ich war schon in Deutschland. |
| **Ya hemos estado en Alemania.** ˈja ˈemos esˈtado en aleˈmania | Wir waren schon in Deutschland. |

**SPRACHTIPP**

Mit den Hilfsverben *he/hemos* und Formen wie *estado* (gewesen) können Sie über Vergangenes sprechen.

* **Austria** ˈaustria — Österreich
**Suiza** ˈsuiθa — Schweiz

Dann hören Sie wahrscheinlich auch:

| | |
|---|---|
| **Alemania* es muy bonita.** aleˈmania es ˈmui boˈnita | Deutschland ist sehr schön. |
| **Alemania me gusta.** aleˈmania me ˈgusta | Deutschland gefällt mir. |
| **Alemania nos gusta mucho.** aleˈmania nos ˈgusta ˈmutscho | Deutschland gefällt uns sehr gut. |

Und es kann zu einem Austausch weiterer allgemeiner Eindrücke kommen:

| | |
|---|---|
| **En Alemania se puede comer muy bien.** en aleˈmania se ˈpuede koˈmer mui ˈbjen | In Deutschland kann man sehr gut essen. |
| **En Alemania hay mucho que ver.** en aleˈmania ai ˈmutscho ke ˈwer | In Deutschland gibt es viel zu sehen. |

### SPRACHTIPP

*Se* bedeutet nicht nur „sich", sondern auch „man", z. B. in *Se come bien* (Man isst gut.).

| | |
|---|---|
| * **Austria** ˈaustria | Österreich |
| **Suiza** ˈsuiθa | Schweiz |

Woraufhin Sie entgegnen könnten:

| | |
|---|---|
| **Sí, pero aquí también.** ˈsi ˈpero aˈki tamˈbjen | Ja, aber hier auch. |
| **Aquí también se come muy bien.** aˈki tamˈbien se ˈkome mui ˈbjen | Hier isst man auch sehr gut. |
| **Aquí también se puede ver mucho.** aˈki tamˈbjen se ˈpuede wer ˈmutscho | Hier kann man auch viel ansehen. |

Möglicherweise waren Ihre Gesprächspartner oder Gesprächspartnerinnen sogar schon einmal an Ihrem Wohnort:

| | |
|---|---|
| **Ya he estado en... [Stadt]** ˈja e esˈtado en | Ich war schon in … |
| **Ya hemos estado en... [Stadt]** ˈja ˈemos esˈtado en | Wir waren schon in … |
| **... [Stadt] me gusta mucho.** me ˈgusta ˈmutscho | … gefällt mir sehr gut. |
| **... [Stadt] nos gusta mucho.** nos ˈgusta ˈmutscho | … gefällt uns sehr gut. |

## Alter

Die folgenden Sätze ermöglichen Ihnen, Ihr Gegenüber nach dessen Alter zu fragen, beziehungsweise Ihr eigenes Alter zu nennen.

**¿Cuántos años tienes?**
ˈkuantos ˈanjos ˈtjenes
Wie alt bist du?

**¿Cuántos años tiene usted?**
ˈkuantos ˈanjos ˈtjene usˈteθ
Wie alt sind Sie?

**Tengo... [Zahl] años.**
ˈtengo... ˈanjos
Ich bin ... Jahre alt.

**Ya tengo... [Zahl] años.**
ˈja ˈtengo... ˈanjos
Ich bin schon ... Jahre alt.

### SPRACHTIPP

Wörtlich sagt man auf Spanisch also „Ich habe ... Jahre“. Die für Altersangaben notwendigen Zahlen finden Sie auf Seite 119.

**Yo también.** ˈjo tamˈbjen
Ich auch.

**Yo también tengo... [Zahl] años.**
ˈjo tamˈbjen ˈtengo... ˈanjos
Ich bin auch ... Jahre alt.

**Yo tengo un año más.**
ˈjo ˈtengo ˈun ˈanjo ˈmas
Ich bin ein Jahr älter.

**Yo tengo dos años más.**
ˈjo ˈtengo ˈdos ˈanjos ˈmas
Ich bin zwei Jahre älter.

**Mañana voy a tener ... [Zahl] años.**
maˈnjana woi a teˈner... ˈanjos
Morgen werde ich ... Jahre alt.

**SPRACHTIPP**

*Más* kann wie seine deutsche Entsprechung *mehr* alleine stehen: *Quiero más* (Ich möchte mehr.).

Bei der Frage nach dem Alter sollte man natürlich etwas Fingerspitzengefühl zeigen, denn manche Menschen geben darüber nicht so gerne Auskunft. Dann bekommen Sie vielleicht die Antwort:

| | |
|---|---|
| **Muchos.** ˈmutschos | Viele Jahre alt. |
| **Demasiados.** demaˈsjados | Zu (viele Jahre) alt. |

## Eindrücke vom Urlaubsort

Bestimmt möchten Sie darüber sprechen, wie gut es Ihnen an Ihrem Urlaubsort gefällt, oder andere danach fragen. Dann sagt man:

| | |
|---|---|
| **¿Te gusta aquí?**<br>te ˈgusta aˈki | Gefällt es dir hier? |
| **¿Le gusta aquí?**<br>le ˈgusta aˈki | Gefällt es Ihnen hier? |

Wenn es Ihnen gut gefällt, können Sie auf solch eine Frage erwidern:

| | |
|---|---|
| **Sí, me gusta.** ˈsi me ˈgusta | Ja, es gefällt mir. |
| **Sí, me gusta mucho.**<br>ˈsi me ˈgusta ˈmutscho | Ja, es gefällt mir sehr gut. |

| | |
|---|---|
| **Sí, nos gusta mucho aquí.**<br>ˈsi nos ˈgusta ˈmutscho aˈki | Ja, es gefällt uns hier sehr gut. |
| **Sí, me gusta todo.**<br>ˈsi me ˈgusta ˈtodo | Ja, mir gefällt alles. |
| **Sí, aquí nos gusta todo.**<br>ˈsi aˈki nos ˈgusta ˈtodo | Ja, hier gefällt uns alles. |
| **Sí, me gusta más que en... [Name der Stadt]**<br>ˈsi me ˈgusta ˈmas ke en | Ja, es gefällt mir besser als in … |

### SPRACHTIPP

Wenn Sie etwas vergleichen möchten, können Sie *más que* (mehr als) verwenden: *Come más que...* (Er isst mehr als …); *Me gusta más que...* (Es gefällt mir besser als …). In Vergleichen entspricht *que* also dem deutschen „als". *Más* (mehr) benutzt man auch bei der Steigerung der meisten Adjektive: *bonito* (schön) – *más bonito* (schöner) – *el más bonito* (der schönste).

Aber leider hat man manchmal auch Pech, oder es hat einem woanders einfach besser gefallen:

| | |
|---|---|
| **¿No te gusta aquí?**<br>ˈno te ˈgusta aˈki | Gefällt es dir hier nicht? |
| **¿No le gusta aquí?**<br>ˈno le ˈgusta aˈki | Gefällt es Ihnen hier nicht? |
| **No, no me gusta.**<br>ˈno ˈno me ˈgusta | Nein, es gefällt mir nicht. |

**No me gusta nada.**
ˈno me ˈgusta ˈnada

Es gefällt mir überhaupt nicht.

**No, no nos gusta nada.**
ˈno ˈno nos ˈgusta ˈnada

Nein, es gefällt uns überhaupt nicht.

**Aquí no es nada bonito.**
aˈki no es ˈnada boˈnito

Hier ist es überhaupt nicht schön.

### SPRACHTIPP

Wenn Sie eine Verneinung verstärken möchten, können Sie *no* (nicht) und *nada* (nichts) wie in den obigen Sätzen kombinieren. Dann erhalten Sie die Bedeutung „überhaupt nicht".

**Aquí me gusta menos que en… [Stadt]**
aˈki me ˈgusta ˈmenos ke en

Hier gefällt es mir weniger als in …

### SPRACHTIPP

*Menos que* (weniger als) können Sie bei Vergleichen verwenden: *Me gusta menos que el otro* (Es gefällt mir weniger als das andere.) oder *Es menos grande que el otro* (Es ist weniger groß als das andere.).

Falls es Ihnen ganz besonders gut gefällt, können Sie folgendermaßen darüber sprechen, wie schön es wäre, an Ihrem Urlaubsort zu leben:

| | |
|---|---|
| **Aquí se vive muy bien.**<br>aˈki se ˈwiwe mui ˈbjen | Hier lebt man sehr gut. |
| **Me gustaría vivir aquí.**<br>me gustaˈria wiˈwir aˈki | Ich würde gerne hier leben. |

Aber vielleicht reizt eine solche Aussicht Sie auch nicht besonders:

| | |
|---|---|
| **No me gustaría vivir aquí todo el tiempo.**<br>ˈno me gustaˈria wiˈwir aˈki ˈtodo el ˈtjempo | Ich würde nicht gerne ständig hier wohnen. |

## Urlaubsgestaltung

So können Sie Ihren neuen Bekannten erzählen, was Sie in Ihrem Urlaub alles unternehmen:

| | |
|---|---|
| **Aquí hay mucho que hacer.**<br>aˈki ai ˈmutscho ke aˈθer | Hier gibt es viel, was man tun kann. |
| **Aquí se puede hacer mucho.**<br>aˈki se ˈpuede aˈθer ˈmutscho | Hier kann man viel unternehmen. |
| **Hago mucho.**<br>ˈago ˈmutscho | Ich unternehme viel. |
| **Hacemos mucho.**<br>aˈθemos ˈmutscho | Wir unternehmen viel. |
| **Hay mucho que ver.**<br>ai ˈmutscho ke ˈwer | Es gibt viel zu sehen. |

**Nos gusta ver mucho.** – Wir schauen gerne viel an.
nos ˈgusta ˈwer ˈmutscho

**Vemos mucho.** – Wir sehen viel (an).
ˈwemos ˈmutscho

**Todos los días veo mucho.** – Ich sehe jeden Tag viel an.
ˈtodos los ˈdias ˈweo ˈmutscho

**Pero no se puede ver todo.** – Aber man kann nicht alles sehen.
ˈpero ˈno se ˈpuede wer ˈtodo

**Vamos muy tarde a la cama.** – Wir gehen sehr spät schlafen.
ˈwamos mui ˈtarde a la ˈkama

**Todos los días voy a la…** – Ich gehe jeden Tag in/an …
ˈtodos los ˈdias ˈwoi a la

**piscina**
pisˈθina

**playa**
ˈplaja

**ciudad**
θjuˈdaθ

**Todas las noches nos vamos a beber algo.** – Wir gehen jede Nacht etwas trinken.
ˈtodas las ˈnotsches nos ˈwamos a beˈber ˈalgo

Aber vielleicht sind Sie ja eher zum Ausruhen da. Dann können Sie sagen:

**No hago nada.** ˈno ˈago ˈnada – Ich mache nichts.

**Nos gusta no hacer nada.** – Es gefällt uns, nichts zu tun.
nos ˈgusta ˈno aˈθer ˈnada

**Me gusta dormir mucho.** Ich schlafe gerne viel.
me ˈgusta dorˈmir ˈmutscho

**Es lo que más me gusta.** Das gefällt mir am besten.
es lo ke ˈmas me ˈgusta

Doch es kann auch sein, dass Sie sich unfreiwillig ausruhen müssen:

**Aquí no se puede hacer nada.** Hier kann man nichts unternehmen.
aˈki no se ˈpuede aˈθer ˈnada

**No hay nada para ver.** Es gibt nichts anzusehen.
ˈno ai ˈnada ˈpara ˈwer

Meist kommt man auch darauf zu sprechen, wie lange man da ist und wie lange man noch bleibt:

**¿Cuántos días estás aquí?** Wie viele Tage bist du hier?
ˈkuantos ˈdias esˈtas aˈki

**¿Cuántos días ya está aquí?** Wie viele Tage sind Sie schon hier?
ˈkuantos ˈdias ja esˈta aˈki

**¿Cuántos días vas a estar aquí?** Wie viele Tage wirst du hier bleiben?
ˈkuantos ˈdias was a esˈtar aˈki

**¿Cuántos días va a estar aquí?** Wie viele Tage werden Sie hier bleiben?
ˈkuantos ˈdias wa a esˈtar aˈki

**Estoy aquí un día.** Ich bleibe einen Tag hier.
esˈtoi aˈki ˈun ˈdia

**Estamos aquí dos días.** Wir bleiben zwei Tage hier.
esˈtamos aˈki ˈdos ˈdias

**Ya estoy aquí dos días.** Ich bin schon zwei Tage hier.
ja esˈtoi aˈki ˈdos ˈdias

**Vamos a estar aquí dos días más.** ˈwamos a esˈtar aˈki ˈdos ˈdias ˈmas

Wir werden noch zwei Tage hier sein.

**Nos vamos a ir mañana.**
nos ˈwamos a ˈir maˈnjana

Wir werden morgen abreisen.

SPRACHTIPP

Wenn man das spanische Wort *ir* (gehen) in der Bedeutung „weggehen" oder „abreisen" verwenden möchte, stellt man *me, te, se* oder *nos* davor: *Me voy* (Ich gehe weg.).

## Das Wetter

Das Wetter ist oft ein dankbares Gesprächsthema. Eigentlich sollte an Ihrem Urlaubsort schönes Wetter herrschen:

**Hace buen tiempo.**
ˈaθe ˈbuen ˈtjempo

Das Wetter ist schön.

**Hace muy buen tiempo.**
ˈaθe ˈmui buen ˈtjempo

Das Wetter ist sehr schön.

**Aquí hace buen tiempo.**
aˈki ˈaθe ˈbuen ˈtjempo

Hier ist das Wetter schön.

**Hace muy buen tiempo aquí.**
ˈaθe ˈmui buen ˈtjempo aˈki

Das Wetter ist sehr schön hier.

**Hoy hace muy buen tiempo.**
ˈoi ˈaθe ˈmui buen ˈtjempo

Heute ist das Wetter sehr schön.

**El tiempo aquí es muy bueno.**
el ˈtjempo aˈki es ˈmui ˈbueno

Das Wetter hier ist sehr schön.

| | |
|---|---|
| **El tiempo aquí es bueno todos los días.** el ˈtjempo aˈki es ˈbueno ˈtodos los ˈdias | Hier ist immer schönes Wetter. |

### SPRACHTIPP

Wie Sie an den obigen Sätzen erkennen können, verwendet man im Spanischen das Verb *hacer*, um über das Wetter zu sprechen.

Aber natürlich kann man auch Pech mit dem Wetter haben:

| | |
|---|---|
| **Hace mal tiempo.** ˈaθe ˈmal ˈtjempo | Das Wetter ist schlecht. |
| **Hace muy mal tiempo.** ˈaθe ˈmui ˈmal ˈtjempo | Das Wetter ist sehr schlecht. |
| **Hoy el tiempo no es muy bueno.** ˈoi el ˈtjempo ˈno es mui ˈbueno | Heute ist das Wetter nicht besonders schön. |
| **No, pero mañana va a ser mejor.** ˈno ˈpero maˈnjana wa a ˈser meˈchor | Nein, aber morgen wird es besser sein. |
| **No, pero no se puede hacer nada.** ˈno ˈpero ˈno se ˈpuede aˈθer ˈnada | Nein, aber da kann man nichts machen. |
| **Podría hacer mejor tiempo.** poˈdria aˈθer meˈchor ˈtjempo | Das Wetter könnte schöner sein. |
| **El tiempo aquí no es muy bueno.** el ˈtjempo aˈki ˈno es mui ˈbueno | Das Wetter ist nicht besonders schön hier. |

| | |
|---|---|
| **No, pero me gusta.** ˈno ˈpero me ˈgusta | Nein, aber es gefällt mir. |

Wahrscheinlicher ist jedoch, dass es Ihnen eher zu heiß als zu kalt sein wird:

| | |
|---|---|
| **¡Qué calor!** ˈke kaˈlor | Was für eine Hitze! |
| **¡Qué calor hace!** ˈke kaˈlor ˈaθe | Wie heiß es ist! |
| **¡Hace mucho calor!** ˈaθe ˈmutscho kaˈlor | Es ist sehr heiß! |
| **¡Hace demasiado calor!** ˈaθe demaˈsjado kaˈlor | Es ist zu heiß! |
| **¡Tengo mucho calor!** ˈtengo ˈmutscho kaˈlor | Mir ist sehr heiß! |
| **¡Tenemos demasiado calor!** teˈnemos demaˈsjado kaˈlor | Uns ist zu heiß! |
| **¡Hoy tengo demasiado calor!** ˈoi ˈtengo demaˈsjado kaˈlor | Heute ist es mir zu heiß! |
| **Esta tarde va a hacer menos calor.** ˈesta ˈtarde wa a aˈθer ˈmenos kaˈlor | Heute Nachmittag/Abend wird es nicht mehr so heiß sein. |

Ein Vergleich zwischen dem Wetter an Ihrem Urlaubsort und dem Wetter bei Ihnen zu Hause bietet sich ebenfalls an:

| | |
|---|---|
| **Hace más calor que en Alemania.*** ˈaθe ˈmas kaˈlor ke en aleˈmania | Es ist heißer als in Deutschland. |

| | |
|---|---|
| * **Austria** ˈaustria | Österreich |
| **Suiza** ˈsuiθa | Schweiz |

**Aquí hace menos calor que en Alemania.** aˈki ˈaθe ˈmenos kaˈlor ke en aleˈmania

Hier ist es kälter als in Deutschland.

**El tiempo aquí es mejor que en Alemania.** el ˈtjempo aˈki es meˈchor ke en aleˈmania

Das Wetter ist hier besser als in Deutschland.

## Komplimente und Lob

Kleine Komplimente erhalten die Freundschaft. Vielleicht möchten Sie Ihren neuen Bekannten ja etwas Nettes sagen, zum Beispiel über deren Kleidung:

**Tu… es muy bonito.**
tu… es ˈmui boˈnito

Dein … ist sehr schön.

**vestido**
wesˈtido

**sombrero**
somˈbrero

**anillo**
aˈnijo

**Su… es muy bonita.**
su… es ˈmui boˈnita

Ihre … ist sehr schön.

**blusa**
ˈblusa

**corbata**
korˈbata

| | |
|---|---|
| **Esto te va muy bien.*** <br> ˈesto te wa mui ˈbjen | Das hier steht dir sehr gut. |
| **Esto le va muy bien.** <br> ˈesto le wa mui ˈbjen | Das hier steht Ihnen sehr gut. |
| **Esto es muy bonito.** <br> ˈesto es mui boˈnito | Das da ist sehr schön. |
| **Esto también me gustaría.** <br> ˈesto tamˈbjen me gustaˈria | Das würde mir auch gut gefallen. |

Vielleicht möchten Sie aber auch ausdrücken, wie gut Sie jemanden finden:

| | |
|---|---|
| **¡Eres el mejor!** ˈeres el meˈchor | Du bist der Beste! |
| **¡Eres la mejor!** ˈeres la meˈchor | Du bist die Beste! |

* Achtung feste Wendung:
**Te/Le va bien.** te/le wa ˈbjen — Es steht dir/Ihnen gut.

# Unterkunft

## Zimmersuche

So können Sie sich nach freien Zimmern erkundigen und diese bestellen:

| | |
|---|---|
| **¿Tiene una habitación?** ˈtjene ˈuna abitaˈθjon | Haben Sie ein Zimmer? |
| **¿Tiene habitaciones?** ˈtjene abitaθjones | Haben Sie Zimmer? |
| **Necesito una habitación.** neθeˈsito ˈuna abitaˈθjon | Ich brauche ein Zimmer. |
| **Necesitamos dos habitaciones.** neθesiˈtamos ˈdos abitaˈθjones | Wir brauchen zwei Zimmer. |

Und so können Sie Ihre Zimmerwünsche etwas genauer formulieren:

| | |
|---|---|
| **¿Tiene una habitación con una cama?** ˈtjene ˈuna abitaˈθjon kon ˈuna ˈkama | Haben Sie ein Zimmer mit einem Bett? |
| **¿Tiene una habitación con dos camas?** ˈtjene ˈuna abitaˈθjon kon ˈdos ˈkamas | Haben Sie ein Zimmer mit zwei Betten? |
| **Necesito una habitación con una cama.** neθeˈsito ˈuna abitaˈθjon kon ˈuna ˈkama | Ich brauche ein Zimmer mit einem Bett. |
| **Necesitamos una habitación con dos camas.** neθesiˈtamos ˈuna abitaˈθjon kon ˈdos ˈkamas | Wir brauchen ein Zimmer mit zwei Betten. |

| | |
|---|---|
| **Necesitamos dos habitaciones con dos camas.**<br>neθesiˈtamos ˈdos abitaˈθjones kon ˈdos ˈkamas | Wir brauchen zwei Zimmer mit zwei Betten. |
| **Necesitamos una habitación con una cama y otra habitación con dos camas.**<br>neθesiˈtamos ˈuna abitaˈθjon kon ˈuna ˈkama i ˈotra abitaˈθjon kon ˈdos ˈkamas | Wir brauchen ein Zimmer mit einem Bett und ein anderes Zimmer mit zwei Betten. |

Dann wird man Sie vermutlich nach dem gewünschten Zeitraum fragen:

| | |
|---|---|
| **¿Para cuándo?** ˈpara ˈkuando | Für wann? |
| **¿Hasta cuándo?** ˈasta ˈkuando | Bis wann? |
| **¿De cuándo hasta cuándo?**<br>de ˈkuando ˈasta ˈkuando | Von wann bis wann? |
| **¿Hasta qué día?**<br>ˈasta ˈke ˈdia | Bis zu welchem Tag? |
| **¿De qué día hasta qué día?**<br>de ˈke ˈdia ˈasta ˈke ˈdia | Von welchem Tag bis zu welchem Tag? |
| **¿Para cuántas noches?**<br>ˈpara ˈkuantas ˈnotsches | Für wie viele Nächte? |

Woraufhin Sie erwidern können:

| | |
|---|---|
| **Es para hoy y mañana.**<br>es ˈpara ˈoi i maˈnjana | Es ist für heute und morgen. |
| **De hoy hasta mañana.**<br>de ˈoi ˈasta maˈnjana | Von heute bis morgen. |

| | |
|---|---|
| **Es para una noche.**<br>ˈes ˈpara ˈuna ˈnotsche | Es ist für eine Nacht. |
| **Es para dos noches.**<br>ˈes ˈpara ˈdos ˈnotsches | Es ist für zwei Nächte. |
| **Hasta el día uno.**<br>ˈasta el ˈdia ˈuno | Bis zum Ersten. |
| **Hasta el día...**<br>ˈasta el ˈdia | Bis zum ...ten. |

**DIE ZAHLEN** zum Einsetzen finden Sie auf Seite 119.

| | |
|---|---|
| **De hoy hasta el día dos.**<br>de ˈoi ˈasta el ˈdia ˈdos | Von heute bis zum Zweiten. |
| **Hasta el...** ˈasta el | Bis zum ... |

**DIE WOCHENTAGE** zum Einsetzen finden Sie auf Seite 121.

Wenn nichts mehr frei ist, können Sie nachfragen:

| | |
|---|---|
| **¿Y dónde hay algo?**<br>i ˈdonde ˈai ˈalgo | Und wo gibt es etwas? |
| **¿Dónde hay habitaciones cerca de aquí?** ˈdonde ai abitaˈθjones ˈθerka de aˈki | Wo gibt es hier in der Nähe Zimmer? |

## Ausstattung und Extras

Wenn ein Zimmer frei ist, haben Sie vielleicht noch einige Wünsche bezüglich des Komforts:

**Me gustaría una habitación con...** me gusta'ria 'una abita'θjon kon

Ich hätte gerne ein Zimmer mit ...

**lavabo**
la'wabo

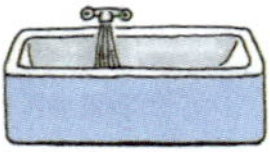

**bañera**
ba'njera

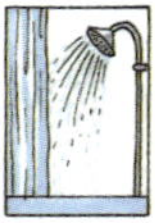

**ducha**
'dutscha

**wáter**
'water

### KULTURTIPP

In Spanien gibt es meistens anstatt einer Mischbatterie zwei getrennte kleine Wasserhähne für heißes und kaltes Wasser. Achtung: Das heiße Wasser kann fast kochend heiß sein!

**¿Hay... en la habitación?**
'ai... en la abita'θjon

Gibt es im Zimmer einen ...?

**televisor**
telewi'sor

**teléfono**
te'lefono

**nevera**
ne'wera

**ventilador**
wentila'dor

**¿Es con...?** ˈes kon — Ist es mit ...?

**desayuno**
desaˈjuno

**comida**
koˈmida

**cena**
ˈθena

**Por favor, quiero la habitación más bonita.** por faˈwor ˈkjero la abitaˈθjon ˈmas boˈnita — Ich möchte bitte das schönste Zimmer.

**Nos gustaría tener la habitación más grande.** nos gustaˈria teˈner la abitaˈθjon ˈmas ˈgrande — Wir hätten gerne das größte Zimmer.

## Preise

Und so können Sie sich nach dem Preis erkundigen:

**¿Cuánto cuesta una noche?** ˈkuanto ˈkuesta ˈuna ˈnotsche — Wie teuer ist eine Nacht?

**¿Cuánto cuestan dos noches?** ˈkuanto ˈkuestan ˈdos ˈnotsches — Wie teuer sind zwei Nächte?

**¿Cuánto cuesta por noche?** ˈkuanto ˈkuesta por ˈnotsche — Wie teuer ist es pro Nacht?

**¿Cuánto cuesta por todo el tiempo?** ˈkuanto ˈkuesta por ˈtodo el ˈtjempo — Wie teuer ist es für die gesamte Zeit?

**¿Cuánto cuesta con...?** Wie viel kostet es mit ...?
ˈkuanto ˈkuesta kon

**desayuno**
desaˈjuno

**comida**
koˈmida

**cena**
ˈθena

**¿Cuándo hay que pagar?** Wann muss man zahlen?
ˈkuando ai ke paˈgar

**¿Tengo que pagar hoy?** Muss ich heute zahlen?
ˈtengo ke paˈgar ˈoi

**¿Puedo pagar mañana?** Kann ich morgen zahlen?
ˈpuedo paˈgar maˈnjana

### SPRACHTIPP

*Tener* bedeutet eigentlich „haben". In Verbindung mit *que* heißt es aber „müssen", z. B. *Tengo que comer algo* (Ich muss etwas essen.).
*Hay que* bedeutet „man muss".

Möglicherweise ist Ihnen die angebotene Unterkunft aber zu teuer:

| | |
|---|---|
| **La habitación cuesta mucho.** la abitaˈθjon ˈkuesta ˈmutscho | Das Zimmer kostet sehr viel. |
| **La habitación cuesta demasiado.** la abitaˈθjon ˈkuesta demaˈsjado | Das Zimmer kostet zu viel. |
| **Estas habitaciones cuestan demasiado.** ˈestas abitaˈθjones ˈkuestan demaˈsjado | Diese Zimmer kosten zu viel. |
| **¿Cuesta menos por más noches?** ˈkuesta ˈmenos por ˈmas ˈnotsches | Kosten mehr Nächte weniger? |
| **Quiero pagar menos.** ˈkjero paˈgar ˈmenos | Ich möchte weniger zahlen. |

Vielleicht möchten Sie sich die Unterkunft ja ansehen, bevor Sie sich dafür entscheiden:

| | |
|---|---|
| **Me gustaría ver la habitación.** me gustaˈria ˈwer la abitaˈθjon | Ich würde das Zimmer gerne sehen. |
| **Nos gustaría ver las habitaciones.** nos gustaˈria ˈwer las abitaˈθjones | Wir würden die Zimmer gerne sehen. |
| **Por favor, quiero ver la habitación.** por faˈwor ˈkjero ˈwer la abitaˈθjon | Ich möchte bitte das Zimmer sehen. |

## Entscheidung

Wenn Sie mit der Unterkunft einverstanden sind, können Sie sagen:

| | |
|---|---|
| **La habitación me gusta.**<br>la abitaˈθjon me ˈgusta | Das Zimmer gefällt mir. |
| **Esta habitación me gusta.**<br>ˈesta abitaˈθjon me ˈgusta | Dieses Zimmer gefällt mir. |
| **La habitación es bonita.**<br>la abitaˈθjon es boˈnita | Das Zimmer ist schön. |
| **Esta habitación es muy bonita.**<br>ˈesta abitaˈθjon es ˈmui boˈnita | Dieses Zimmer ist sehr schön. |
| **La habitación está bien.**<br>la abitaˈθjon esˈta ˈbjen | Das Zimmer ist in Ordnung. |
| **La cama es muy buena.**<br>la ˈkama es ˈmui ˈbuena | Das Bett ist sehr gut. |

### SPRACHTIPP

*Está bien* ist eine feste Wendung und bedeutet „in Ordnung“, unabhängig davon, ob man von etwas spricht, das eine lange oder kurze Dauer hat.

Und so können Sie ausdrücken, dass Ihnen die angebotene Unterkunft nicht gefällt:

| | |
|---|---|
| **No quiero esta habitación.**<br>ˈno ˈkjero ˈesta abitaˈθjon | Dieses Zimmer möchte ich nicht. |
| **No queremos dormir aquí.**<br>ˈno keˈremos dorˈmir aˈki | Hier möchten wir nicht schlafen. |

| | |
|---|---|
| **No puedo dormir aquí.** ˈno ˈpuedo dorˈmir aˈki | Hier kann ich nicht schlafen. |
| **No voy a dormir aquí.** ˈno ˈwoi a dorˈmir aˈki | Hier werde ich nicht schlafen. |
| **No vamos a dormir en esta habitación.** ˈno ˈwamos a dorˈmir en ˈesta abitaˈθjon | In diesem Zimmer werden wir nicht schlafen. |

Und vielleicht passt ja einer der folgenden Gründe:

| | |
|---|---|
| **La habitación no es bonita.** la abitaˈθjon ˈno es boˈnita | Das Zimmer ist nicht schön. |
| **Esta habitación no es muy bonita.** ˈesta abitaˈθjon ˈno es mui boˈnita | Dieses Zimmer ist nicht sehr schön. |
| **Esta habitación no es nada bonita.** ˈesta abitaˈθjon ˈno es ˈnada boˈnita | Dieses Zimmer ist überhaupt nicht schön. |
| **Esta habitación no me gusta.** ˈesta abitaˈθjon ˈno me ˈgusta | Dieses Zimmer gefällt mir nicht. |
| **La habitación no es muy grande.** la abitaˈθjon ˈno es mui ˈgrande | Das Zimmer ist nicht sehr groß. |
| **Hace mucho calor en esta habitación.** ˈaθe ˈmutscho kaˈlor en ˈesta abitaˈθjon | In diesem Zimmer ist es sehr heiß. |
| **Hace demasiado calor en esta habitación.** ˈaθe demaˈsjado kaˈlor en ˈesta abitaˈθjon | In diesem Zimmer ist es zu heiß. |

**No hace mucho calor en esta habitación.** ˈno ˈaθe ˈmutscho kaˈlor en ˈesta abitaˈθjon — In diesem Zimmer ist es nicht gerade warm.

Die folgenden Sätze sollten Ihnen dabei helfen, eine Unterkunft zu bekommen, die Ihnen mehr zusagt.

**¿Tiene otra habitación?** ˈtjene ˈotra abitaˈθjon — Haben Sie ein anderes Zimmer?

**¿Tiene una habitación más bonita?** ˈtjene ˈuna abitaˈθjon ˈmas boˈnita — Haben Sie ein schöneres Zimmer?

**¿Tiene una habitación más grande?** ˈtjene ˈuna abitaˈθjon ˈmas ˈgrande — Haben Sie ein größeres Zimmer?

**¿Hay una habitación más bonita?** ˈai ˈuna abitaˈθjon ˈmas boˈnita — Gibt es ein schöneres Zimmer?

**Quiero otra habitación.** ˈkjero ˈotra abitaˈθjon — Ich möchte ein anderes Zimmer.

**Quiero una habitación más grande.** ˈkjero ˈuna abitaˈθjon ˈmas ˈgrande — Ich möchte ein größeres Zimmer.

**Quiero otra cama.** ˈkjero ˈotra ˈkama — Ich möchte ein anderes Bett.

**Necesitamos una habitación con una cama más.** neθesiˈtamos ˈuna abitaˈθjon kon ˈuna ˈkama ˈmas — Wir brauchen ein Zimmer mit einem Bett mehr.

**Quiero una habitación con una cama más grande.** ˈkjero ˈuna abitaˈθjon kon ˈuna ˈkama mas ˈgrande — Ich möchte ein Zimmer mit einem größeren Bett.

**Por favor, quiero una habitación con una cama mejor.** por faˈwor ˈkjero ˈuna abitaˈθjon kon ˈuna ˈkama meˈchor — Ich möchte bitte ein Zimmer mit einem besseren Bett.

Und vielleicht gefällt Ihnen das nächste Zimmer ja besser:

**Esta habitación me gusta más.** ˈesta abitaˈθjon me ˈgusta ˈmas — Dieses Zimmer gefällt mir besser.

**Esta habitación me gusta más que la otra.** ˈesta abitaˈθjon me ˈgusta ˈmas ke la ˈotra — Dieses Zimmer gefällt mir besser als das andere.

**Esta habitación me gusta mucho más que la otra.** ˈesta abitaˈθjon me ˈgusta ˈmutscho ˈmas ke la ˈotra — Dieses Zimmer gefällt mir viel besser als das andere.

**Esta habitación es más bonita.** ˈesta abitaˈθjon es ˈmas boˈnita — Dieses Zimmer ist schöner.

**Esta habitación es mucho más bonita.** ˈesta abitaˈθjon es ˈmutscho ˈmas boˈnita — Dieses Zimmer ist viel schöner.

**Esta habitación es más bonita que la otra.** ˈesta abitaˈθjon es ˈmas boˈnita ke la ˈotra — Dieses Zimmer ist schöner als das andere.

| | |
|---|---|
| **Esta habitación es más grande que la otra.** ˈesta abitaˈθjon es ˈmas ˈgrande ke la ˈotra | Dieses Zimmer ist größer als das andere. |
| **Sí, aquí hace más calor.** ˈsi aˈki ˈaθe ˈmas kaˈlor | Ja, hier ist es wärmer. |
| **Muy bien, aquí hace menos calor.** mui ˈbjen aˈki ˈaθe ˈmenos kaˈlor | Sehr gut, hier ist es kühler. |
| **Quiero esta habitación.** ˈkjero ˈesta abitaˈθjon | Ich möchte dieses Zimmer. |

## Sich zurechtfinden

Bevor Sie Ihr Zimmer beziehen, müssen Sie vielleicht noch einige letzte Punkte klären:

| | |
|---|---|
| **¿Qué habitación es?** ˈke abitaˈθjon es | Welches Zimmer ist es? |
| **Es la dos.** es la ˈdos | Es ist die (Nummer) zwei. |
| **¿Ya podemos entrar en la habitación?** ˈja poˈdemos enˈtrar en la abitaˈθjon | Können wir schon in das Zimmer hineingehen? |
| **¿Hasta cuándo se puede entrar aquí por la noche?** ˈasta ˈkuando se ˈpuede enˈtrar aˈki por la ˈnotsche | Bis wann ist hier nachts offen? |
| **Se puede entrar hasta las dos.** se ˈpuede enˈtrar ˈasta las ˈdos | Hier ist offen bis um zwei. |
| **Toda la noche.** ˈtoda laˈnotsche | Die ganze Nacht über. |

Nun müssen Sie sich in Ihrer Unterkunft und der näheren Umgebung orientieren:

| | |
|---|---|
| **¿Dónde está la habitación?**<br>ˈdonde esˈta la abitaˈθjon | Wo ist das Zimmer? |
| **Es por aquí.** es por aˈki | In dieser Richtung./Hier entlang. |
| **Quiero ir a mi habitación.**<br>ˈkjero ˈir a mi abitaˈθjon | Ich möchte auf mein Zimmer gehen. |
| **¿Dónde está?** ˈdonde esˈta | Wo ist es? |
| **¿Dónde está...?** ˈdonde esˈta | Wo ist ...? |

**la piscina**
la pisˈθina

**el bar**
el ˈbar

**el restaurante**
el restauˈrante

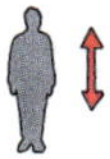

**el ascensor**
el asθenˈsor

**SPRACHTIPP**

Sie haben gelernt, dass man sich mit dem Verb *estar* auf vorübergehende Zustände bezieht. Trotzdem wird es auch in Fragen nach Ortsangaben verwendet, z. B. in *¿Dónde está mi habitación?* (Wo ist mein Zimmer?), auch wenn es sich dabei um eine dauerhaftere Einrichtung handelt.

| | |
|---|---|
| **¿Dónde se come por la mañana?** ˈdonde se ˈkome por la maˈnjana | Wo isst man morgens? |

| | |
|---|---|
| **¿Cuándo se come por la mañana?** ˈkuando se ˈkome por la maˈnjana | Wann isst man morgens? |
| **A las… [Zahl]** a las | Um … Uhr. |
| **De las… [Zahl] hasta las… [Zahl]** de las… ˈasta las | Von … bis … Uhr. |

**DIE ZAHLEN** finden Sie auf Seite 119.

X

| | |
|---|---|
| **¿Dónde se come aquí por la tarde?** ˈdonde se ˈkome aˈki por la ˈtarde | Wo isst man hier abends? |
| **¿Cuándo se come aquí por la tarde?** ˈkuando se ˈkome aˈki por la ˈtarde | Wann isst man hier abends? |

Vielleicht haben Sie bei Ihrer Ankunft ja auch schon Hunger oder Durst. Dann können Sie fragen:

| | |
|---|---|
| **¿Dónde puedo comer algo?** ˈdonde ˈpuedo koˈmer ˈalgo | Wo kann ich etwas essen? |
| **¿Dónde podemos beber algo?** ˈdonde poˈdemos beˈber ˈalgo | Wo können wir etwas trinken? |
| **¿Dónde puedo comprar algo para comer?** ˈdonde ˈpuedo komˈprar ˈalgo ˈpara koˈmer | Wo kann ich etwas zu essen kaufen? |
| **¿Dónde podemos comprar algo para beber?** ˈdonde poˈdemos komˈprar ˈalgo ˈpara beˈber | Wo können wir etwas zu trinken kaufen? |

**¿Hay algo para beber en la habitación?** ˈai ˈalgo ˈpara beˈber en la abitaˈθjon

Gibt es im Zimmer etwas zu trinken?

## Beschwerden

Selbst im besten Hotel kann es vorkommen, dass etwas nicht funktioniert. Dann können Sie sagen:

**Esto está roto.** ˈesto esˈta ˈroto

Das hier ist kaputt.

**El… está roto.**
el… esˈta ˈroto

Der … ist kaputt.

**televisor**
telewiˈsor

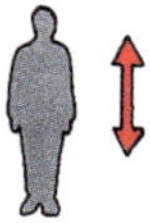

**ascensor**
asθenˈsor

**Mi cama está rota.**
mi ˈkama esˈta ˈrota

Mein Bett ist kaputt.

**La… está rota.**
la… esˈta ˈrota

Die … ist kaputt.

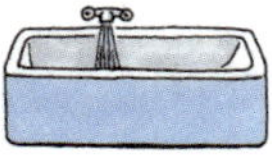

**bañera**
baˈnjera

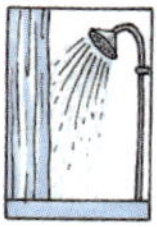

**ducha**
ˈdutscha

**lámpara**
ˈlampara

Und so können Sie verlangen, dass etwas gegen den Missstand unternommen wird:

| | |
|---|---|
| **¡Hay que hacer algo!** ˈai ke aˈθer ˈalgo | Man muss etwas tun! |
| **¡Tiene que hacer algo!** ˈtjene ke aˈθer ˈalgo | Sie müssen etwas tun! |
| **¿Qué se puede hacer?** ˈke se ˈpuede aˈθer | Was kann man tun? |
| **¿Qué va a hacer?** ˈke wa a aˈθer | Was werden Sie tun? |
| **¿Cuándo va a hacer algo?** ˈkuando wa a aˈθer ˈalgo | Wann werden Sie etwas tun? |

## Abreise

Früher oder später werden Sie wohl auch Auskunft über Ihren Abreisetermin geben müssen:

| | |
|---|---|
| **¿Qué día se va a ir?** ˈke ˈdia se ˈwa a ˈir | An welchem Tag werden Sie abreisen? |
| **Me voy hoy.** me ˈwoi ˈoi | Ich reise heute ab. |
| **Nos vamos mañana.** nos ˈwamos maˈnjana | Wir reisen morgen ab. |
| **Nos vamos a ir mañana.** nos ˈwamos a ˈir maˈnjana | Wir werden morgen abreisen. |
| **Me voy a ir mañana.** me ˈwoi a ˈir maˈnjana | Ich werde morgen abreisen. |
| **Nos vamos a ir mañana por la mañana.** nos ˈwamos a ˈir maˈnjana por la maˈnjana | Wir werden morgen früh abreisen. |

| | |
|---|---|
| **Nos vamos el… [Wochentag]** nos ˈwamos el | Wir reisen am … [Wochentag] ab. |
| **Nos vamos a ir el…** nos ˈwamos a ˈir el | Wir werden am … abreisen. |

**DIE WOCHENTAGE** finden Sie auf Seite 121.

| | |
|---|---|
| **¿Cuándo nos tenemos que ir?** ˈkuando nos teˈnemos ke ˈir | Wann müssen wir gehen? |
| **¿Cuándo me tengo que ir de la habitación?** ˈkuando me ˈtengo ke ˈir de la abitaˈθjon | Wann muss ich das Zimmer verlassen? |
| **El… [Wochentag]** el | Am … |

Vielleicht möchten Sie sich zum Abschied mit einem Kompliment für den angenehmen Aufenthalt bedanken:

| | |
|---|---|
| **Se está muy bien aquí.** se esˈta mui ˈbjen aˈki | Hier fühlt man sich sehr wohl. |
| **Puedo dormir muy bien aquí.** ˈpuedo dorˈmir mui ˈbjen aˈki | Ich kann hier sehr gut schlafen. |
| **Aquí se puede dormir muy bien.** aˈki se ˈpuede dorˈmir mui ˈbjen | Hier kann man sehr gut schlafen. |
| **Todos los años nos gusta mucho.** ˈtodos los ˈanjos nos ˈgusta ˈmutscho | Es gefällt uns jedes Jahr. |

Möglicherweise hat es Ihnen ja sogar so gut gefallen, dass Sie wiederkommen wollen:

**¡Hasta otro año!** Bis zum nächsten Mal!
ˈasta ˈotro ˈanjo

# Urlaubsaktivitäten

## Im Restaurant

Zunächst einmal können Sie sich erkundigen, ob Sie an einem bestimmten Ort etwas zu essen bekommen, beziehungsweise was es dort gibt:

| | |
|---|---|
| **¿Se puede comer aquí?** se ˈpuede koˈmer aˈki | Kann man hier essen? |
| **¿Podemos comer aquí?** poˈdemos koˈmer aˈki | Können wir hier essen? |
| **¿Es demasiado tarde para comer aquí?** es demaˈsjado ˈtarde ˈpara koˈmer aˈki | Ist es zu spät, um hier zu essen? |
| **¿Qué hay para comer?** ˈke ai ˈpara koˈmer | Was gibt es zu essen? |
| **¿Qué hay para beber?** ˈke ai ˈpara beˈber | Was gibt es zu trinken? |
| **¿Puedo ver lo que hay?** ˈpuedo ˈwer lo ke ˈai | Kann ich sehen, was es gibt? |

**KULTURTIPP**

In Spanien isst man in der Regel später als in Deutschland. Das Mittagessen wird gegen 14 Uhr eingenommen; das Abendessen gegen 21 Uhr.

Wenn Sie gewählt haben, können Sie die Bedienung auf sich aufmerksam machen und bestellen:

**Perdón!** perˈdon — Entschuldigung!

**¡Por favor!** por faˈwor — Entschuldigung, bitte!

**Por favor, quiero comer…** — Ich möchte bitte … essen.
ˈpor faˈwor ˈkjero koˈmer

**una sopa**
ˈuna ˈsopa

**una ensalada**
ˈuna ensaˈlada

**un helado**
un eˈlado

**Por favor, quiero beber…** — Ich möchte bitte … trinken.
ˈpor faˈwor ˈkjero beˈber

**un café**
un kaˈfe

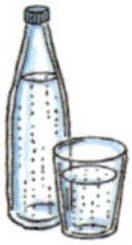

**un agua mineral**
un ˈagua mineˈral

**una cerveza**
ˈuna θerˈweθa

Wenn die Speisekarte Bilder enthält oder Sie wissen, was die Wörter auf der Speisekarte bedeuten, können Sie auf den Namen eines Gerichts zeigen und sagen:

**Por favor, quiero esto.** — Ich möchte bitte das hier.
por faˈwor ˈkjero ˈesto

**Me gustaría comer esto.** — Ich würde gerne das hier essen.
me gustaˈria koˈmer ˈesto

Sie könnten aber auch versuchen, das Essen zu sehen zu bekommen …

| | |
|---|---|
| **¿Por favor, podría ver lo que hay para comer?** por faˈwor poˈdria ˈwer lo ke ˈai ˈpara koˈmer | Könnte ich das Essen bitte sehen? |

… oder dem Urteil der Bedienung vertrauen:

| | |
|---|---|
| **Por favor, quiero algo bueno.** por faˈwor ˈkjero ˈalgo ˈbueno | Ich möchte bitte etwas Gutes. |
| **Por favor, quiero algo bueno, pero no quiero pagar demasiado.** por faˈwor ˈkjero ˈalgo ˈbueno, ˈpero no ˈkjero paˈgar demaˈsjado | Ich möchte bitte etwas Gutes, aber nicht zu Teueres. |

Wo es möglich ist, können Sie auf die Speisen selbst zeigen und sagen:

| | |
|---|---|
| **Me gustaría comer de esto.** me gustaˈria koˈmer de ˈesto | Ich würde gerne von dieser Speise essen. |
| **Por favor, quiero esto.** por faˈwor ˈkjero ˈesto | Ich möchte bitte das da. |

### KULTURTIPP

Manche spanischen Gerichte sind auch hierzulande bekannt. Bestimmt haben Sie schon einmal von der *paella*, einer Reispfanne mit Meeresfrüchten, gehört. Es gibt sie auch mit Huhn und Gemüse.
Zu den *tapas*, kleinen Gerichten, die man in Bars bekommt, gehören unter anderem *jamón serrano* (luftgetrockneter Schinken), *chorizo* (scharfe Paprikasalami) und *tortilla de patatas* (Kartoffelomelett).
Sehr empfehlenswert sind auch *gazpacho* (kalte Suppe mit Tomaten, Gurken und Knoblauch), *empanadas* (gefüllte Pasteten) – und natürlich die große Auswahl an Fisch und Meeresfrüchten.

Vielleicht haben Sie ja noch Sonderwünsche, zum Beispiel, dass es schnell gehen sollte:

| | |
|---|---|
| **Perdón, pero tengo poco tiempo.** perˈdon ˈpero ˈtengo ˈpoko ˈtjempo | Entschuldigung, aber ich habe wenig Zeit. |
| **Perdón, pero tenemos muy poco tiempo.** perˈdon ˈpero teˈnemos ˈmui ˈpoko ˈtjempo | Entschuldigung, aber wir haben sehr wenig Zeit. |
| **Por favor, quiero mucho para comer.** por faˈwor ˈkjero ˈmutscho ˈpara koˈmer | Ich möchte bitte viel zu essen. |
| **Por favor, quiero muy poco.** por faˈwor ˈkjero mui ˈpoko | Ich möchte bitte ganz wenig. |
| **Gracias, no quiero comer nada.** ˈgraθias no ˈkjero koˈmer ˈnada | Danke, ich möchte nichts essen. |

| | |
|---|---|
| **Perdón, necesito otro...** perˈdon neθeˈsito ˈotro | Entschuldigung, ich brauche noch ein ... |

**cuchillo**
kuˈtschijo

**tenedor**
teneˈdor

**plato**
ˈplato

**vaso**
ˈwaso

Vielleicht bringt man Ihnen auch das falsche Gericht. Das könnten Sie dann so reklamieren:

| | |
|---|---|
| **Perdón, esto no es lo que yo quiero.** perˈdon ˈesto no es lo ke ˈjo ˈkjero | Entschuldigung, das ist nicht das, was ich möchte. |
| **Yo quiero esto.** ˈjo ˈkjero ˈesto | Ich möchte das da. |

Wenn Ihnen etwas gut schmeckt, können Sie das Essen folgendermaßen loben:

| | |
|---|---|
| **Esto me gusta.** ˈesto me ˈgusta | Das schmeckt mir. |
| **Esto nos gusta mucho.** ˈesto nos ˈgusta ˈmutscho | Das schmeckt uns sehr gut. |
| **¡Qué bueno!** ˈke ˈbueno | Wie lecker! |
| **¡Está muy bueno!** esˈta mui ˈbueno | Das ist sehr gut! |
| **¡No está mal!** ˈno esˈta ˈmal | Nicht übel! |

Vielleicht schmeckt es Ihnen ja sogar so gut, dass Sie noch einen Nachschlag wollen:

| | |
|---|---|
| **¿Podría tener más de esto, por favor?** po'dria te'ner 'mas de 'esto por fa'wor | Könnte ich bitte mehr hiervon haben? |
| **¿Puedo tener más de esto?** 'puedo te'ner 'mas de 'esto | Kann ich mehr hiervon haben? |
| **Me gustaría comer más de esto.** me gusta'ria ko'mer 'mas de 'esto | Ich würde gerne mehr von diesem hier essen. |
| **Por favor, quiero un poco más.** por fa'wor 'kjero un 'poko 'mas | Ich möchte bitte etwas mehr. |
| **Perdón, esto es muy poco.** per'don 'esto es mui 'poko **Podría tener un poco más?** po'dria te'ner un 'poko 'mas | Entschuldigung, das ist sehr wenig. Könnte ich noch etwas mehr haben? |
| **Es muy poco.** es mui 'poko **Puedo tener más?** 'puedo te'ner 'mas | Das ist sehr wenig. Kann ich mehr haben? |

Oder aber es ist Ihnen zu viel. Dann können Sie sagen:

| | |
|---|---|
| **¡Es demasiado!** es dema'sjado | Es ist zu viel! |
| **¡Esto es demasiado!** 'esto es dema'sjado | Das hier ist zu viel! |
| **No puedo comer todo esto.** no 'puedo ko'mer 'todo 'esto | Ich kann das nicht alles essen. |
| **Es demasiado para uno.** es dema'sjado 'para 'uno | Das ist zu viel für eine Person. |
| **Por favor, quiero uno para los dos.** por fa'wor 'kjero 'uno 'para los 'dos | Ich hätte gerne ein Gericht für (uns) zwei. |

Wenn Ihnen etwas nicht schmeckt, können Sie sagen:

| | |
|---|---|
| **Esto no me gusta.** ˈesto no me ˈgusta | Das schmeckt mir nicht. |
| **Esto no me gusta nada.** ˈesto no me ˈgusta ˈnada | Das schmeckt mir überhaupt nicht. |
| **No nos gusta.** ˈno nos ˈgusta | Das schmeckt uns nicht. |
| **No quiero comer esto.** no ˈkjero koˈmer ˈesto | Ich möchte das nicht essen. |
| **No puedo comer esto.** no ˈpuedo koˈmer ˈesto | Ich kann das nicht essen. |
| **No es bueno.** no es ˈbueno | Das ist nicht gut. |

Dann können Sie stattdessen etwas anderes verlangen:

| | |
|---|---|
| **¿No tiene nada mejor?** ˈno ˈtjene ˈnada meˈchor | Haben Sie nichts Besseres? |
| **Quiero algo mejor.** ˈkjero ˈalgo meˈchor | Ich möchte etwas Besseres. |
| **No quiero esto, quiero esto.** ˈno ˈkjero ˈesto ˈkjero ˈesto | Ich möchte nicht das da, sondern das da. |
| **Por favor, quiero menos de esto, pero más de esto.** por faˈwor ˈkjero ˈmenos de ˈesto ˈpero ˈmas de ˈesto | Ich möchte bitte weniger von diesem, aber mehr von diesem. |

Doch auch das beste Essen macht irgendwann einmal so satt, dass man nicht mehr kann:

| | |
|---|---|
| **¡No puedo más!** no ˈpuedo ˈmas | Ich kann nicht mehr! |
| **¡No podemos comer más!** no poˈdemos koˈmer ˈmas | Wir können nichts mehr essen! |

Nun können Sie sich noch über die Qualität des Essens unterhalten:

**Aquí se come muy bien.** a'ki se 'kome mui 'bjen — Hier isst man sehr gut.

**Aquí se come mejor que en el... [Name des Restaurants]** a'ki se 'kome me'chor que en el — Hier isst man besser als im ...

**Sí, y cuesta menos.** 'si i 'kuesta 'menos — Ja, und es kostet weniger.

**Sí, pero cuesta más.** 'si 'pero 'kuesta 'mas — Ja, aber es kostet mehr.

Dann wird es Zeit, zu bezahlen:

**Por favor, quiero pagar.** por fa'wor 'kjero pa'gar — Ich möchte zahlen, bitte.

**¿Cuánto es?** 'kuanto 'es — Wie viel macht das?

Wenn Sie nur für sich selbst zahlen möchten, können Sie auf das benutzte Geschirr oder die entsprechenden Passagen der Speisekarte zeigen und sagen:

**Quiero pagar esto, esto y esto.** 'kjero pa'gar 'esto 'esto i 'esto — Ich möchte das, das und das da zahlen.

Falls Sie hingegen die Rechnung für den gesamten Tisch übernehmen wollen, haben Sie folgende Möglichkeiten:

**Quiero pagar todo.** 'kjero pa'gar 'todo — Ich möchte alles zahlen.

**Quiero pagar para todos.** ♂ — Ich möchte für alle zahlen.
ˈkjero paˈgar ˈpara ˈtodos

**Quiero pagar para todas.** ♀ — Ich möchte für alle zahlen.
ˈkjero paˈgar ˈpara ˈtodas

Wenn Sie mit dem Service zufrieden waren, ist es üblich, ein Trinkgeld zu geben. Dann können Sie sagen:

**Gracias, esto es para usted.** — Danke, das ist für Sie.
ˈgraθias ˈesto es ˈpara usˈteθ

**KULTURTIPP**

Sie können als Trinkgeld aber auch einfach einige Münzen auf dem Tellerchen für das Wechselgeld zurücklassen, wenn Sie gehen.

## Als Gastgeber oder Gastgeberin

Wenn Sie selbst jemanden zu sich einladen, werden Sie Ihre Gäste vermutlich als Erstes fragen:

**¿Quieres comer algo?** — Möchtest du etwas essen?
ˈkjeres koˈmer ˈalgo

**¿Quiere beber algo?** — Möchten Sie etwas trinken?
ˈkjere beˈber ˈalgo

**¿Qué quieres comer?** — Was möchtest du essen?
ˈke ˈkjeres koˈmer

**¿Qué quiere beber?** — Was möchten Sie trinken?
ˈke ˈkjere beˈber

Wenn Sie wissen möchten, wie es Ihren Gästen schmeckt, können Sie fragen:

| | |
|---|---|
| **¿Te gusta?** te ˈgusta | Schmeckt es dir? |
| **¿Le gusta?** le ˈgusta | Schmeckt es Ihnen? |

So können Sie sich erkundigen, ob Ihre Gäste noch einen Nachschlag wollen:

| | |
|---|---|
| **¿Quieres más?** ˈkjeres ˈmas | Möchtest du mehr? |
| **¿Quiere un poco más?** ˈkjere un ˈpoko ˈmas | Möchten Sie ein bisschen mehr? |

## Einkaufen

So können Sie Ihren Wunsch, einkaufen zu gehen, ausdrücken, und sich nach dem Weg zu den Geschäften erkundigen:

| | |
|---|---|
| **Queremos comprar regalos.** keˈremos komˈprar reˈgalos | Wir möchten Geschenke kaufen. |
| **¿Dónde puedo comprar regalos?** ˈdonde ˈpuedo komˈprar reˈgalos | Wo kann ich Geschenke kaufen? |
| **¿Dónde hay regalos buenos por aquí?** ˈdonde ai reˈgalos ˈbuenos por aˈki | Wo gibt es hier in der Nähe gute Geschenke? |
| **Necesito un regalo bonito, pero no quiero pagar demasiado.** neθeˈsito un reˈgalo boˈnito ˈpero no ˈkjero paˈgar demaˈsjado | Ich brauche ein schönes, aber nicht zu teueres Geschenk. |

Wenn Sie sich nicht sicher sind, wozu ein bestimmter Gegenstand dient, können Sie danach fragen und darum bitten, die Ware etwas genauer ansehen zu dürfen:

**¿Para qué es esto?** paraˈke esˈesto Wofür ist das?

**SPRACHTIPP**

*Para qué* (wofür) setzt sich aus den Wörtern *para* (für) und *qué* (was) zusammen.

**¿Qué se hace con esto?** Was macht man hiermit?
ˈke se ˈaθe kon ˈesto

**¿Por favor, puedo ver esto?** Darf ich bitte das hier ansehen?
por faˈwor ˈpuedo wer ˈesto

**Por favor, quiero ver esto.** Ich möchte bitte das hier ansehen.
por faˈwor ˈkjero wer ˈesto

Vielleicht möchten Sie auch etwas Typisches aus der Region kaufen. Dann können Sie sagen:

**Quiero comprar algo de aquí.** Ich möchte etwas von hier kaufen.
ˈkjero komˈprar ˈalgo de aˈki

**¿Esto es de aquí?** ˈesto es de aˈki Ist das von hier?

**KULTURTIPP**

Ein typisches Souvenir aus Spanien ist z. B. ein Fächer (*abanico*) oder Kastagnetten (*castañuelas*). Häufig findet man auch Püppchen, die Flamenco-Tänzerinnen darstellen. Und am Meer kann man oft besonders schöne Muscheln (*conchas*) kaufen.

Und so erkundigen Sie sich nach dem Preis des Gewünschten:

| | |
|---|---|
| **¿Cuánto cuesta esto?** ˈkuanto ˈkuesta ˈesto | Wie viel kostet das? |
| **Es mucho.** es ˈmutscho | Das ist teuer. |
| **Es demasiado.** es demaˈsjado | Das ist zu teuer. |
| **Quiero pagar menos por esto.** ˈkjero paˈgar ˈmenos por ˈesto | Ich möchte weniger hierfür zahlen. |
| **Lo compro por... [Zahl]** lo ˈkompro por | Ich kaufe es für … |

**DIE ZAHLEN** finden Sie auf Seite 119.

| | |
|---|---|
| **Está bien.** esˈta ˈbjen | In Ordnung. |

**KULTURTIPP**

Wenn Ihnen eine Ware zu teuer erscheint, kann es sich an Straßenmarktständen durchaus lohnen, ein wenig zu verhandeln. Im Kaufhaus oder im Supermarkt ist dies allerdings genauso unüblich wie hierzulande.

Wenn Ihnen die angebotene Ware zusagt, können Sie sagen:

| | |
|---|---|
| **Me gustaría comprar esto.** me gustaˈria komˈprar ˈesto | Ich würde gerne das hier kaufen. |
| **Por favor, quiero esto.** por faˈwor ˈkjero ˈesto | Ich möchte bitte das da. |

| | |
|---|---|
| **Quiero esto.** ˈkjero ˈesto | Ich möchte das hier. |
| **También quiero esto.** tamˈbjen ˈkjero ˈesto | Ich möchte auch das hier. |

Aber vielleicht sind Sie noch nicht hundertprozentig zufrieden. Dann könnten Sie zum Beispiel sagen:

| | |
|---|---|
| **Está roto.** esˈta ˈroto | Es ist kaputt. |
| **No quiero uno roto.** ˈno ˈkjero ˈuno ˈroto | Ich möchte kein Kaputtes. |
| **Es muy bonito, pero demasiado grande.** es mui boˈnito ˈpero demaˈsjado ˈgrande | Es ist sehr schön, aber zu groß. |
| **Es muy bonito, pero cuesta demasiado.** es mui boˈnito ˈpero ˈkuesta demaˈsjado | Es ist sehr schön, aber zu teuer. |
| **¿No tiene otro?** no ˈtjene ˈotro | Haben Sie kein anderes? |
| **¿No tiene otro más bonito?** no ˈtjene ˈotro mas boˈnito | Haben Sie kein schöneres? |
| **¿No tiene otro menos grande?** no ˈtjene ˈotro ˈmenos ˈgrande | Haben Sie kein kleineres? |

Vielleicht gefällt Ihnen das Angebotene aber überhaupt nicht, und Sie möchten es gar nicht kaufen:

| | |
|---|---|
| **Gracias, pero no lo quiero.** ˈgraθias ˈpero ˈno lo ˈkjero | Danke, aber ich möchte es nicht. |
| **Gracias, pero no me gusta.** ˈgraθias ˈpero ˈno me ˈgusta | Danke, aber es gefällt mir nicht. |

**No lo necesito.**
ˈno lo neθeˈsito
Ich brauche es nicht.

**No queremos comprar esto.**
ˈno keˈremos komˈprar ˈesto
Wir möchten das hier nicht kaufen.

**No voy a comprar esto.**
ˈno woi a komˈprar ˈesto
Ich werde das hier nicht kaufen.

**No quiero comprar nada.**
ˈno ˈkjero komˈprar ˈnada
Ich möchte nichts kaufen.

## Sehenswürdigkeiten und der Weg dorthin

Zunächst einmal sollten Sie sich erkundigen, welches die wichtigsten Sehenswürdigkeiten an Ihrem Urlaubsort sind:

**¿Qué hay que ver aquí?**
ˈke ai ke ˈwer aˈki
Was gibt es hier zu besichtigen?

**¿Qué hay que ver por aquí?**
ˈke ai ke ˈwer por aˈki
Was gibt es hier in der Gegend zu besichtigen?

**¿Qué hay que ver cerca de aquí?** ˈke ai ke ˈwer ˈθerka de aˈki
Was gibt es hier in der Nähe zu besichtigen?

**¿Qué se puede ver aquí?**
ˈke se ˈpuede ˈwer aˈki
Was kann man hier besichtigen?

Dann können Sie nach dem Weg dorthin fragen:

**¿Cómo podemos ir?**
ˈkomo poˈdemos ˈir
Wie können wir hinkommen?

**¿Cómo hay que ir?**
ˈkomo ai ke ˈir
Wie muss man gehen/fahren?

| | |
|---|---|
| **Hay que ir por aquí.** ˈai ke ˈir por aˈki | Man muss hier entlang. |
| **¿Cómo se va a… [Name der Sehenswürdigkeit oder des Ortes]?** ˈkomo se ˈwa a | Wie kommt man zu/ nach …? |

### SPRACHTIPP

Vor dem Namen von Sehenswürdigkeiten steht normalerweise der zugehörige bestimmte Artikel, z. B. bei *la Plaza Mayor*: *¿Cómo se va a la Plaza Mayor?* (Wie kommt man zur *Plaza Mayor*?). Hierbei müssen Sie beachten, dass der männliche bestimmte Artikel *el* mit *a* zur Form *al* verschmilzt. Daher heißt derselbe Satz für *el Prado*: *¿Cómo se va al Prado?* (Wie kommt man zum *Prado*?).
Ortsnamen haben in der Regel keinen Artikel, sodass die obige Frage dann ganz einfach heißen würde: *¿Cómo se va a Segovia?* (Wie kommt man nach Segovia?).

| | |
|---|---|
| **… [Sehenswürdigkeit/Ort] está por aquí?** esˈta por aˈki | Geht es hier entlang zu/nach …? |
| **… está cerca de aquí?** esˈta ˈθerka de aˈki | Ist … hier in der Nähe? |
| **Sí, está muy cerca.** ˈsi esˈta mui ˈθerka | Ja, es ist ganz in der Nähe. |
| **… es aquí?** es aˈki | Ist hier …? |
| **Sí, es aquí.** ˈsi es aˈki | Ja, das ist hier. |
| **No, no es aquí.** ˈno ˈno es aˈki | Nein, das ist nicht hier. |

Vielleicht sind Sie sich nicht sicher, ob Sie noch auf dem richtigen Weg sind. Dann können Sie sich danach erkundigen:

**¿Estoy bien para ir a… [Sehenswürdigkeit/Ort]?**
esˈtoi ˈbjen ˈpara ˈir a
Bin ich hier richtig auf dem Weg zu/nach …?

**¿No estamos bien?**
ˈno esˈtamos ˈbjen
Sind wir nicht auf dem richtigen Weg?

**No, está mal.** ˈno esˈta ˈmal
Nein, hier sind Sie falsch.

**No, tiene que ir por aquí.**
ˈno ˈtjene ke ˈir por aˈki
Nein, Sie müssen hier lang.

Wenn Sie für Ihren Weg öffentliche Verkehrsmittel oder ein Taxi benutzen möchten, können Sie sich folgendermaßen nach einer Haltestelle, einem Bahnhof etc. erkundigen:

**¿Dónde hay un…?**
ˈdonde ai un
Wo gibt es einen …?

**tren**
tren

**autobús**
autoˈbus

**táxi**
ˈtaksi

**¿Dónde puedo entrar en el…?**
ˈdonde ˈpuedo enˈtrar en el
Wo kann ich in den … einsteigen?

**tren**
tren

**autobús**
autoˈbus

**metro**
ˈmetro

**tranvía**
tranˈwia

Beim Fahrkartenkauf können Sie anschließend sagen:

| | |
|---|---|
| **Para uno, por favor.** ˈpara ˈuno por faˈwor | Für eine Person, bitte. |
| **Hasta... [Sehenswürdigkeit/Ort], por favor.** ˈasta... por faˈwor | Bis zu/nach ..., bitte. |
| **Para dos, hasta ..., por favor.** ˈpara ˈdos ˈasta... por faˈwor | Bitte für zwei Personen zu/nach ... |
| **Por favor, quiero ir a...** ˈpor faˈwor ˈkjero ir a | Ich möchte bitte zu/nach ... |

Vor Ort müssen Sie sich vielleicht erkundigen, ob Besichtigungen möglich sind, wie viel der Eintritt kostet etc.:

| | |
|---|---|
| **¿Se puede entrar?** se ˈpuede enˈtrar | Kann man hineingehen? |
| **¿Puedo entrar?** ˈpuedo enˈtrar | Kann ich hineingehen? |
| **¿Podemos entrar aquí?** poˈdemos enˈtrar aˈki | Können wir hier hineingehen? |
| **¿Cuesta algo entrar?** ˈkuesta ˈalgo enˈtrar | Kostet der Eintritt etwas? |
| **¿Cuánto cuesta entrar aquí?** ˈkuanto ˈkuesta enˈtrar aˈki | Wie viel kostet der Eintritt hier? |
| **¿Por dónde se puede entrar?** por ˈdonde se ˈpuede enˈtrar | Wo kann man hinein? |
| **Hay que entrar por aquí.** ˈai ke enˈtrar por aˈki | Man muss hier hinein. |

X **¿Cuándo se puede entrar aquí?** ˈkuando se ˈpuede enˈtrar aˈki — Wann kann man hier hinein?

**¿Qué hay que hacer para ver… [Sehenswürdigkeit]?** ˈke ai ke aˈθer ˈpara wer — Was muss man tun, um … zu sehen?

Gut möglich, dass Ihre spanische Begleitung Sie auf die eine oder andere Besonderheit aufmerksam machen möchte:

**¿Lo ves?** lo ˈwes — Siehst du es?

**¿Lo puede ver?** lo ˈpuede ˈwer — Können Sie es sehen?

**Sí, lo puedo ver.** ˈsi lo ˈpuedo ˈwer — Ja, ich kann es sehen.

**Lo veo muy bien.** lo ˈweo mui ˈbjen — Ich sehe es sehr gut.

**No lo vemos bien.** ˈno lo ˈwemos ˈbjen — Wir sehen es nicht gut.

**Se puede ver mejor de aquí.** se ˈpuede ˈwer meˈchor de aˈki — Von hier aus kann man es besser sehen.

Vielleicht haben Sie noch Fragen zu der einen oder anderen Sehenswürdigkeit oder möchten sich – gerade bei Kunstwerken – vielleicht nach Details erkundigen:

**¿De quién es esto?** de ˈkjen es ˈesto — Von wem ist das da?

**¿Cómo se llama esto?** ˈkomo se ˈjama ˈesto — Wie heißt das hier?

**¿De cuándo es?** de ˈkuando ˈes — Von wann ist das?

**¿De qué año es?** de ˈke ˈanjo ˈes — Aus welchem Jahr ist das?

**SPRACHTIPP**

Mit den Zahlen auf Seite 119 kann man ganz leicht eine Jahreszahl bilden: Für das vorige Jahrhundert nehmen Sie *mil novecientos* (tausend neunhundert), dann die Zehnerstelle (für 87 wäre das die 80, also *ochenta*) und fügen dann mit *y* (und) die Einerstelle an (bei 87 wäre das sieben, also *siete*). 1987 heißt auf Spanisch also *mil novecientos ochenta y siete*. Ab dem Jahr 2000 verwendet man *dos mil* (zweitausend) statt *mil novecientos*; 2004 heißt daher auf Spanisch *dos mil cuatro*.

## Ausgehen

Wenn Sie sich eine Vorstellung in Ihrer Hotelanlage, der Oper etc. ansehen möchten, können Sie sich folgendermaßen nach dem Programm erkundigen:

| | |
|---|---|
| **¿Qué hay esta noche?** ˈke ai ˈesta ˈnotsche | Was läuft heute Abend? |
| **¿Y qué hay mañana?** i ˈke ai maˈnjana | Und was läuft morgen? |
| **¿De quién es?** de ˈkjen ˈes | Von wem ist das? |
| **¿Cuándo es?** ˈkuando ˈes | Wann findet es statt? |
| **¿Es bueno?** es ˈbueno | Ist es gut? |
| **¿Podemos ir?** poˈdemos ˈir | Können wir hingehen? |
| **¿Puedo ir hoy?** ˈpuedo ˈir ˈoi | Kann ich heute hingehen? |
| **¿Ya no puedo ir hoy?** ˈja no ˈpuedo ir ˈoi | Kann ich heute nicht mehr hingehen? |

| | |
|---|---|
| **¿Podemos ir mañana?** po'demos ir ma'njana | Können wir morgen hingehen? |

Auf einer Feier o. Ä. können Sie sich folgendermaßen erkundigen, ob jemand aufbrechen möchte:

| | |
|---|---|
| **¿Ya te vas?** 'ja te 'was | Gehst du schon? |
| **¿También se va?** tam'bjen se 'wa | Gehen Sie auch? |
| **¿Ya te quieres ir?** 'ja te 'kjeres 'ir | Möchtest du schon gehen? |
| **¿Ya se quiere ir?** 'ja se 'kjere 'ir | Möchten Sie schon gehen? |
| **¿Cuándo te vas?** 'kuando te 'was | Wann gehst du? |
| **¿Cuándo se va?** 'kuando se 'wa | Wann gehen Sie? |

So können Sie sagen, ob und wann Sie selbst von einer Feier o. Ä. aufbrechen werden:

| | |
|---|---|
| **No me voy.** 'no me 'woi | Ich gehe nicht. |
| **No, no nos vamos.** 'no 'no nos 'wamos | Nein, wir gehen nicht. |
| **Sí, me voy.** 'si me 'woi | Ja, ich gehe. |
| **Sí, nos vamos a la una.** 'si nos 'wamos a la 'una | Ja, wir gehen um eins. |
| **Me voy a ir luego.** me 'woi a 'ir 'luego | Ich werde nachher gehen. |
| **Nos vamos a ir a las dos.** nos 'wamos a 'ir a las 'dos | Wir werden um zwei gehen. |

So können Sie nach den Gründen für den Aufbruch fragen:

| | |
|---|---|
| **¿Por qué te vas?**<br>por ˈke te ˈwas | Warum gehst du? |
| **¿Por qué se va ya?**<br>por ˈke se ˈwa ˈja | Warum gehen Sie schon? |

### SPRACHTIPP

*Por qué* bedeutet wörtlich „wegen was" und wird wie das deutsche „warum" verwendet.

Und so können Sie begründen, warum Sie nicht länger bleiben können oder möchten:

| | |
|---|---|
| **Ya no tengo tiempo.**<br>ˈja no ˈtengo ˈtjempo | Ich habe keine Zeit mehr. |
| **Ya no quiero más.**<br>ˈja no ˈkjero ˈmas | Ich möchte nicht mehr. |
| **Ya no puedo más.**<br>ˈja no ˈpuedo ˈmas | Ich kann nicht mehr. |
| **Tengo que ir a la cama.**<br>ˈtengo ke ˈir a la ˈkama | Ich muss ins Bett. |
| **Ya es tiempo para ir a la cama.**<br>ˈja es ˈtjempo ˈpara ˈir a la ˈkama | Es ist schon Zeit, ins Bett zu gehen. |

## Sich verabreden

So können Sie jemanden um eine Verabredung bitten:

| | |
|---|---|
| **¿Qué haces esta tarde?**<br>ˈke ˈaθes ˈesta ˈtarde | Was machst du heute Nachmittag/Abend? |

**SPRACHTIPP**

Mit dem Wort *la tarde* bezeichnet man einen Zeitraum, der in etwa von ein, zwei Uhr nachmittags (also nach dem spanischen Mittagessen) bis sieben Uhr abends geht. Danach spricht man von *la noche* (Nacht).

| | |
|---|---|
| **¿Qué va a hacer mañana?**<br>ˈke wa a aˈθer maˈnjana | Was machen Sie morgen? |
| **¿Nos vemos luego?**<br>nos ˈwemos ˈluego | Sehen wir uns nachher? |
| **¿Nos vemos más tarde?**<br>nos ˈwemos mas ˈtarde | Sehen wir uns später? |
| **¿Nos vemos esta noche?**<br>nos ˈwemos ˈesta ˈnotsche | Sehen wir uns heute Abend/Nacht? |
| **¿Nos vemos mañana?**<br>nos ˈwemos maˈnjana | Sehen wir uns morgen? |
| **¿Nos vemos mañana por la tarde?** nos ˈwemos maˈnjana por la ˈtarde | Sehen wir uns morgen Nachmittag/Abend? |
| **¿Nos podemos ver luego?**<br>nos poˈdemos wer ˈluego | Können wir uns nachher sehen? |
| **¿Nos podemos ver más tarde?**<br>nos poˈdemos ˈwer mas ˈtarde | Können wir uns später sehen? |

**¿Nos podemos ver a la una?** nos po'demos 'wer a la 'una — Können wir uns um eins sehen?

**¿Nos podemos ver mañana a las dos?** nos po'demos 'wer ma'njana a las 'dos — Können wir uns morgen um zwei sehen?

Neben der Uhrzeit können Sie natürlich auch den Ort Ihrer Verabredung festlegen:

**¿Nos vemos en…?** 'nos 'wemos en — Sehen wir uns am …?

**la playa**
la 'plaja

**la piscina**
la pis'θina

**el bar**
el 'bar

**el restaurante**
el restau'rante

Und so können Sie einer Verabredung zustimmen:

**Sí.** si — Ja.

**Sí, me gustaría mucho.** 'si me gusta'ria 'mutscho — Ja, das fände ich sehr schön.

**Sí, esta noche.** 'si 'esta 'notsche — Ja, heute Abend/Nacht.

**Sí, a las dos.** 'si a las 'dos — Ja, um zwei.

**Sí, mañana a la una de la tarde.** 'si ma'njana a la 'una de la 'tarde — Ja, morgen Nachmittag um eins.

**Sí, hoy puedo.** 'si 'oi 'puedo — Ja, heute kann ich.

**Sí, hoy tengo tiempo.** 'si 'oi 'tengo 'tjempo — Ja, heute habe ich Zeit.

... oder eine Verabredung ablehnen:

| | |
|---|---|
| **No.** no | Nein. |
| **No, gracias.** ˈno ˈgraθias | Nein, danke. |
| **No, hoy no.** ˈno ˈoi ˈno | Nein, heute nicht. |
| **No, hoy no puedo.** ˈno ˈoi no ˈpuedo | Nein, heute kann ich nicht. |
| **No, hoy no tengo tiempo.** ˈno ˈoi no ˈtengo ˈtjempo | Nein, heute habe ich keine Zeit. |
| **No, no quiero.** ˈno no ˈkjero | Nein, ich will nicht. |

Wenn es im Urlaub funkt, können Sie sagen:

| | |
|---|---|
| **Me gustas.** me ˈgustas | Du gefällst mir. |
| **Me gustas mucho.** me ˈgustas ˈmutscho | Du gefällst mir sehr gut. |
| **Te quiero mucho.** te ˈkjero ˈmutscho | Ich mag dich sehr gerne. |

Und falls sogar mehr daraus wird, können Sie die berühmten drei Worte sagen – wobei es im Spanischen nur zwei sind:

| | |
|---|---|
| **Te quiero.** te ˈkjero | Ich liebe dich. |

Trotz Ihres begrenzten Wortschatzes können Sie auch ausdrücken, wie verliebt Sie sind:

| | |
|---|---|
| **Te necesito para vivir.** te neθeˈsito ˈpara wiˈwir | Ich brauche dich, um zu leben. |
| **Eres un regalo.** ˈeres un reˈgalo | Du bist ein Geschenk. |
| **No somos dos, somos uno.** no ˈsomos ˈdos ˈsomos ˈuno | Wir sind nicht zwei, sondern eins. |

Falls den Worten Taten folgen sollen, könnten Sie fragen:

| | |
|---|---|
| **¿Quieres ver mi habitación?** ˈkjeres ˈwer mi abitaˈθjon | Möchtest du mein Zimmer sehen? |
| **¿Puedo ver tu habitación?** ˈpuedo ˈwer tu abitaˈθjon | Darf ich dein Zimmer sehen? |

Wenn Sie eine Fortsetzung planen, können Sie zum Beispiel sagen:

| | |
|---|---|
| **¿Nos vemos en Alemania?*** nos ˈwemos en aleˈmania | Sehen wir uns in Deutschland? |
| **¿Cuándo?** ˈkuando | Wann? |

Vielleicht möchten Sie aber auch einem Verehrer oder einer Verehrerin deutlich machen, dass aus Ihnen beiden nichts wird:

| | |
|---|---|
| **Te quiero mucho, pero ya estoy con otro/otra.** te ˈkjero ˈmutscho, ˈpero ja esˈtoi kon ˈotro/ˈotra | Ich mag dich sehr gerne, aber ich bin schon mit jemand anderem zusammen. |
| **No puedo.** no ˈpuedo | Ich kann nicht. |
| **Estoy aquí con... [Name]** esˈtoi aˈki kon | Ich bin mit ... hier. |
| **No te quiero.** ˈno te ˈkjero | Ich mag dich nicht. |
| **¿No ves que no quiero?** no ˈwes ke no ˈkjero | Siehst du nicht, dass ich nicht möchte? |

---

| | |
|---|---|
| * **Austria** ˈaustria | Österreich |
| **Suiza** ˈsuiθa | Schweiz |

# Speisekarte

## Lebensmittel

| | |
|---|---|
| **pan** pan | Brot |
| **churros** 'tschurros | Schmalzkringel |
| **mantequilla** mante'kija | Butter |
| **miel** mjel | Honig |
| **jamón** cha'mon | Schinken |
| **embutido** embu'tido | Wurst |
| **queso** 'keso | Käse |
| **yogur** jo'gur | Joghurt |
| **huevo** 'uewo | Ei |
| **huevo duro** 'uewo 'duro | hart gekochtes Ei |
| **huevo pasado por agua** 'uewo pa'sado por 'agua | weich gekochtes Ei |
| **huevos revueltos** 'uewos re'wueltos | Rühreier |

| | |
|---|---|
| **gazpacho** gaθ'patscho | kalte Gemüsesuppe |
| **sopa de ajo** 'sopa de‿'acho | Knoblauchsuppe |
| **sopa de mariscos** 'sopa de ma'riskos | Meeresfrüchtesuppe |
| **sopa de pescado** 'sopa de pes'kado | Fischsuppe |

| | |
|---|---|
| **brocheta de carne** bro'tscheta de 'karne | Fleischspieß |
| **carne de ternera** 'karne de ter'nera | Rindfleisch |
| **filete de ternera** fi'lete de ter'nera | Kalbssteak |
| **cerdo** 'θerdo | Schwein |
| **cochinillo** kotschi'nijo | Spanferkel |
| **rosbif** ros'bif | Roastbeef |
| **conejo** ko'necho | Kaninchen |
| **cordero** kor'dero | Lamm |
| **escalope** eska'lope | Schnitzel |
| **solomillo** solo'mijo | Filet |
| **pollo** 'pojo | Huhn |

| | |
|---|---|
| **atún** a'tun | Thunfisch |
| **caballa** ka'waja | Makrele |
| **salmón** sal'mon | Lachs |
| **sardinas** sar'dinas | Sardinen |
| **trucha** 'trutscha | Forelle |
| **bogavante** bog'wante | Hummer |
| **cangrejos de mar** kan'grechos de mar | Meereskrebse |

| | | |
|---|---|---|
| **cangrejos de río** kan'grechos de 'rio | | Flusskrebse |
| **cigalas** θi'galas | | kleine Langusten |
| **langosta** lan'gosta | | Languste |
| **mejillones** mechi'jones | | Miesmuscheln |

| | | |
|---|---|---|
| **adobado** ado'wado | | eingelegt, mariniert |
| **ahumado** au'mado | | geräuchert |
| **a la plancha** a la 'plantscha | | auf der heißen Metallplatte gebraten |
| **asado** a'sado | | gebraten, gegrillt |
| **casero** ka'sero | | hausgemacht |
| **cocido** ko'θido | | gekocht |
| **empanado** empa'nado | | paniert |
| **estofado** esto'fado | | geschmort |
| **flambeado** flambe'ado | | flambiert |
| **relleno** re'jeno | | gefüllt |
| **tostado** tos'tado | | geröstet |

| | | |
|---|---|---|
| **berenjenas** beren'chenas | | Auberginen |
| **calabacines** kalawa'θines | | Zucchini |
| **cantarelas** kanta'relas | | Pfifferlinge |
| **cebolla** θe'woja | | Zwiebel |

| | |
|---|---|
| **espárragos** es'parragos | Spargel |
| **espinacas** espi'nakas | Spinat |
| **guisantes** gi'santes | Erbsen |
| **judías** chu'dias | Bohnen |
| **lechuga** le'tschuga | Kopfsalat |
| **lentejas** len'techas | Linsen |
| **maíz** ma'iθ | Mais |
| **pimientos** pi'mjentos | Paprikaschoten |
| **zanahorias** θana'orias | Möhren |

| | |
|---|---|
| **albaricoque** alwari'koke | Aprikose |
| **ciruelas** θi'ruelas | Pflaumen |
| **frambuesas** fram'buesas | Himbeeren |
| **fresas** 'fresas | Erdbeeren |
| **guayaba** gua'jawa | Guave |
| **higos** 'igos | Feigen |
| **manzana** man'θana | Apfel |
| **melocotón** meloko'ton | Pfirsich |
| **melón** me'lon | Honigmelone |
| **naranja** na'rancha | Orange |
| **pera** 'pera | Birne |
| **piña** 'pinja | Ananas |
| **plátano** 'platano | Banane |

| | |
|---|---|
| **pomelo** po'melo | Grapefruit |
| **sandía** san'dia | Wassermelone |
| **uvas** 'uwas | Weintrauben |
| **dulce de membrillo** 'dulθe de mem'brijo | Quittenbrot |
| **galletas** ga'jetas | Kekse |
| **mantecados** mante'kados | Schmalzgebäck |
| **pastel** pas'tel | Kuchen |
| **tarta** 'tarta | Torte |
| **arroz con leche** ar'roθ kon 'letsche | Milchreis |
| **flan** flan | Karamellpudding |
| **fresas con nata** 'fresas kon 'nata | Erdbeeren mit Schlagsahne |
| **macedonia de frutas** maθe'donia de 'frutas | Obstsalat |
| **mazapán** maθa'pan | Marzipan |
| **melocotón en almíbar** meloko'ton en al'miwar | Pfirsich in Sirup |
| **natillas** na'tijas | Vanillecreme |
| **turrón** tu'rron | Mandelnugat |

| | |
|---|---|
| **agua** 'agua | Wasser |
| **agua mineral con gas** 'agua mine'ral kon gas | Mineralwasser mit Kohlensäure |
| **agua mineral sin gas** 'agua mine'ral sin gas | Mineralwasser ohne Kohlensäure |
| **batido** ba'tido | Milchshake |
| **zumo** 'θumo | Saft |
| **cerveza de barril** θer'werθa de wa'rril | Bier vom Fass |
| **cerveza negra** θer'werθa 'negra | dunkles Bier |
| **cerveza rubia** θer'werθa 'ruwia | helles Bier |
| **champán** tscham'pan | Champagner |
| **ginebra** chi'newra | Gin |
| **coñac** ko'njak | Kognak |
| **aguardiente** aguar'djente | Schnaps |
| **vino espumoso** 'bino‿espu'moso | Sekt |
| **vino tinto** 'bino 'tinto | Rotwein |
| **vino blanco** 'bino 'blanko | Weißwein |
| **sidra** 'sidra | Apfelwein |
| **dulce** 'dulθe | lieblich |

| | |
|---|---|
| **semiseco** semi'seko | halbtrocken |
| **seco** 'seko | trocken |
| **ron** ron | Rum |

| | |
|---|---|
| **leche** 'letsche | Milch |
| **café solo** ka'fe 'solo | schwarzer Kaffee |
| **cortado** kor'tado | Espresso mit Milch |
| **carajillo** kara'chijo | Kaffee mit Kognak |
| **chocolate** tschoko'late | Schokolade |
| **té** te | Tee |
| **manzanilla** manθa'nija | Kamillentee |

## Gerichte

| | |
|---|---|
| **cocido madrileño** ko'θido madri'lenjo | Eintopf mit Kichererbsen, Fleisch, Wurst, Speck, Schinken und Kohl, in drei Gängen serviert |
| **pote gallego** 'pote ga'jego | Eintopf mit weißen Bohnen, Kartoffeln, Paprikawurst, Schinken, Schweineohren und Kohl |
| **fabada asturiana** fa'wada‿astu'rjana | Eintopf mit weißen Bohnen, Paprikawurst, Schinken und Speck |

| | |
|---|---|
| **bistec con patatas fritas** bis'tek kom pa'tatas 'fritas | Beefsteak mit Pommes frites |
| **solomillo a la pimienta verde** solo'mijo‿a la pi'mjenta 'werde | Filetsteak mit grünem Pfeffer |
| **chuletón** tschule'ton | großes Kalbs- oder Rinderkotelett |
| **albóndigas en salsa de tomate** al'bondigas en 'salsa de to'mate | Hackfleischklößchen in Tomatensoße |
| **conejo al ajillo** ko'necho‿al a'chijo | in Öl und Knoblauch gebratenes Kaninchen |
| **parrillada de carne** parri'jada de 'karne | verschiedene Sorten Fleisch vom Grill |
| **angulas** an'gulas | gebratene Glasaale mit Knoblauch |
| **bacalao al pil-pil** baka'lao‿al pil↓pil | in Öl und Knoblauch gegarter Kabeljau |
| **buñuelos de bacalao** bu'njuelos de baka'lao | in Öl ausgebackene Kabeljaubällchen |
| **chanquetes fritos** tschan'ketes 'fritos | gebackene kleine Sprotten |
| **merluza a la romana** mer'luθa‿a la ro'mana | in Mehl und Ei gebratener Seehecht |
| **parrillada de pescado** parri'jada de pes'kado | verschiedene Sorten Fisch vom Grill |

| | |
|---|---|
| **pescadillas fritas** peska'dijas 'fritas | gebratene junge Seehechte |
| **arroz a la banda** ar'roθ a la 'wanda | Reis mit Fisch und Meeresfrüchten |
| **almejas a la marinera** al'mechas a la mari'nera | Venusmuscheln in Knoblauch-Sherry-Soße |
| **cazuela de mariscos** ka'θuela de ma'riskos | Meeresfrüchte in der Tonschale zubereitet |
| **anchoas** an'tschoas | in Öl marinierte Anchovisfilets |
| **boquerones en vinagre** boke'rones em bi'nagre | in Essig, Öl und Knoblauch eingelegte Sardellen |
| **pisto** 'pisto | geschmorte Paprika-schoten, Tomaten, Zwiebeln usw. |
| **butifarra** buti'farra | katalanische Wurst |
| **empanada** empa'nada | gefüllte Teigpastete |
| **patatas bravas** pa'tatas 'brawas | Kartoffeln in scharfer Soße |
| **ensaladilla rusa** ensala'dija 'rusa | Salat aus Kartoffeln, Thunfisch und Gemüse mit Mayonnaise |
| **escalivada** eskali'wada | Salat aus gebratenen Auberginen und roten Paprikaschoten |

| | |
|---|---|
| **Ensaimada** ensai'mada | Hefeteigschnecke aus Mallorca |
| **coca** 'koka | fladenartiger Kuchen |
| **borrachos** bo'rratschos | mit Likör getränktes Gebäck |
| **brazo de gitano** 'braθo de chi'tano | mit Creme gefüllte Biskuitrolle |
| **crema catalana** 'krema kata'lana | Eiercreme mit Karamell |
| **licuado** li'kuado | frisch zubereiteter Saft mit Wasser oder Milch |
| **granizado** grani'θado | Zitronen- und Orangensaft mit zerstoßenem Eis |
| **Rioja** 'riocha | Rotwein aus der Rioja |
| **tinto de verano** 'tinto de we'rano | süße Rotweinschorle |
| **cava** 'kawa | spanischer Sekt |

# Notfälle und Missgeschicke

## Um Hilfe bitten

Leider kann auch im schönsten Urlaub etwas schief gehen. Dann können Sie jemanden so ganz allgemein um Hilfe bitten:

| | |
|---|---|
| **¿Me podrías ayudar?** me poˈdrias ajuˈdar | Könntest du mir helfen? |
| **¿Me podría ayudar, por favor?** me poˈdria ajuˈdar por faˈwor | Könnten Sie mir bitte helfen? |
| **¿Me puede ayudar, por favor?** me ˈpuede ajuˈdar por faˈwor | Können Sie mir bitte helfen? |
| **¿Me podrías ayudar con esto, por favor?** me poˈdrias ajuˈdar kon ˈesto por faˈwor | Könntest du mir bitte hiermit helfen? |
| **¿Me podría ayudar a hacer esto, por favor?** me poˈdria ajuˈdar a aˈθer ˈesto por faˈwor | Könnten Sie mir bitte helfen, dies zu tun? |
| **¿Me puedes hacer un favor?** me ˈpuedes aˈθer un faˈwor | Kannst du mir einen Gefallen tun? |
| **¿Me podría hacer un favor?** me poˈdria aˈθer un faˈwor | Könnten Sie mir einen Gefallen tun? |
| **¿Me haces un favor?** me ˈaθes un faˈwor | Tust du mir einen Gefallen? |

Vielleicht ist ja auch etwas verschwunden, das Ihnen gehört:

**Mi… ya no está.**
mi… ja no esˈta
Meine … ist nicht mehr da.

**bolso**
ˈbolso

**monedero**
moneˈdero

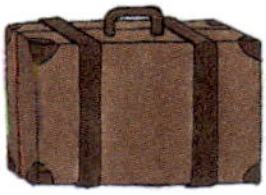

**maleta**
maˈleta

**reloj**
reˈloch

Falls Sie selbst einen offensichtlich verlorenen Gegenstand finden sollten, können Sie in die Menge fragen:

**¿De quién es esto?**
de ˈkjen es ˈesto
Wem gehört das hier?

Wenn Sie sich verlaufen haben, können Sie sagen:

**Me he perdido.** me ˈe perˈdido
Ich habe mich verirrt.

**Nos hemos perdido.**
nos ˈemos perˈdido
Wir haben uns verirrt.

**¿Cómo puedo ir a… [Ort]?**
ˈkomo ˈpuedo ir a
Wie kann ich nach … kommen?

**¿Por dónde se va a… [Ort]?**
por ˈdonde se wa a
Wo geht es nach …?

**¿Dónde estoy?** ˈdonde esˈtoi
Wo bin ich?

**¿Dónde estamos aquí?**
ˈdonde esˈtamos aˈki
Wo sind wir hier?

Und wenn Sie professionelle Hilfe brauchen, können Sie folgendermaßen danach fragen:

**¿Dónde está la…?** Wo ist die …?
ˈdonde esˈta la

**policía**
poliˈθia

**oficina de turismo**
ofiˈθina de tuˈrismo

**KULTURTIPP**

Wenn Sie in Spanien in eine Notsituation geraten, können Sie die Polizei mit der Telefonnummer 091 landesweit anrufen. Unter der allgemeinen Notrufnummer 112 erreichen Sie Notarzt, Feuerwehr etc.

## Krankheit

Wenn es Ihnen körperlich nicht gut geht, können Sie sagen:

**No estoy bien.** ˈno esˈtoi ˈbjen — Es geht mir nicht gut.

**Estoy mal.** esˈtoi ˈmal — Es geht mir schlecht.

**Me duele todo.** me ˈduele ˈtodo — Mir tut alles weh.

**Necesito...** neθe'sito — Ich brauche …

**un médico**
un 'mediko

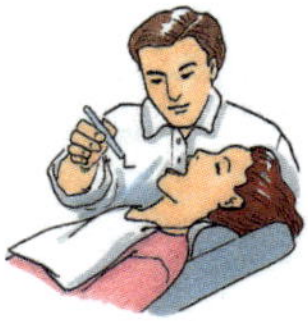

**un dentista**
un den'tista

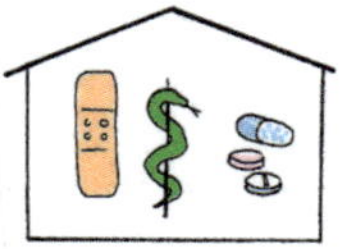

**una farmacia**
'una far'maθia

**una ambulancia**
'una ambu'lanθia

Während der Arzt oder die Ärztin Sie untersucht, werden Sie vielleicht gefragt:

**¿Qué le duele?** 'ke le 'duele — Was tut Ihnen weh?

**¿Dónde le duele?** 'donde le 'duele — Wo tut es Ihnen weh?

Wenn Sie dann auf die Stelle zeigen, die Ihnen weh tut, können Sie relativ genau sagen, was Ihnen fehlt.

**Me duele aquí.** me 'duele a'ki — Es tut mir hier weh.

**Aquí me duele mucho.** a'ki me 'duele 'mutscho — Hier tut es mir sehr weh.

**Aquí me duele más que aquí.** a'ki me 'duele 'mas ke a'ki — Hier tut es mir mehr weh als hier.

| | |
|---|---|
| **Pero aquí no me duele nada.**<br>ˈpero aˈki no me ˈduele ˈnada | Aber hier tut es mir überhaupt nicht weh. |

Wenn nicht Sie selbst die Schmerzen haben, können Sie auf die betreffenden Körperteile Ihrer Begleitung zeigen und sagen:

| | |
|---|---|
| **Le duele aquí.** le ˈduele aˈki | Es tut ihm/ihr hier weh. |

Falls Sie während der Untersuchung große Schmerzen haben sollten, können Sie sagen:

| | |
|---|---|
| **Aquí me duele demasiado.**<br>aˈki me ˈduele demaˈsjado | Hier tut es mir zu stark weh. |
| **¡Cómo me duele!**<br>ˈkomo me ˈduele | Das tut vielleicht weh! |
| **Por favor, no aquí.**<br>ˈpor faˈwor no aˈki | Bitte hier nicht. |
| **¡Duele demasiado!**<br>ˈduele demaˈsjado | Es tut zu sehr weh! |

Wenn Sie vermuten, dass etwas gebrochen sein könnte, können Sie fragen:

| | |
|---|---|
| **¿Está roto?** esˈta ˈroto | Ist es gebrochen? |
| **¿Me he roto algo?**<br>me e ˈroto ˈalgo | Habe ich mir etwas gebrochen? |

### SPRACHTIPP

*Roto* heißt nicht nur „kaputt“. Wenn es sich auf Körperteile bezieht, bedeutet es „gebrochen“.

Gut, wenn der Arzt oder die Ärztin nach der Untersuchung sagt:

| | | |
|---|---|---|
| **No tiene nada.** | ˈno ˈtjene ˈnada | Ihnen fehlt nichts. |
| **No es nada.** | ˈno es ˈnada | Es ist nichts. |

Dann haben Sie Grund zur Erleichterung:

| | | |
|---|---|---|
| **¡Menos mal!*** | ˈmenos mal | Zum Glück! |

Schlecht hingegen, wenn die Diagnose lautet:

| | |
|---|---|
| **Usted está muy mal.** | Es geht Ihnen sehr schlecht. |

Aber vielleicht können Sie schon bei der nächsten Untersuchung sagen:

| | |
|---|---|
| **Ya no me duele mucho.** ˈja no me ˈduele ˈmutscho | Es tut mir nicht mehr sehr weh. |
| **Ya no me duele.** ˈja no me ˈduele | Es tut mir nicht mehr weh. |

* Achtung feste Wendung:
**¡Menos mal!** ˈmenos mal Zum Glück!

## Missgeschicke

Falls Ihnen oder Ihrer Begleitung irgendein Missgeschick passiert sein sollte, können Sie sich folgendermaßen dafür entschuldigen:

**Perdón.** per'don — Entschuldigung.

**Perdón por todo.**
per'don por 'todo — Entschuldigung für alles.

**Perdón por todo esto.**
per'don por 'todo 'esto — Entschuldigung für all das.

Spezifischer können Sie z.B. auch sagen:

**Perdón, he roto la cama.**
per'don e 'roto la 'kama — Entschuldigung, ich habe das Bett kaputtgemacht.

**Perdón, he roto...**
per'don e 'roto — Entschuldigung, ich habe ... kaputtgemacht.

**la lámpara**
la 'lampara

**el televisor**
el telewi'sor

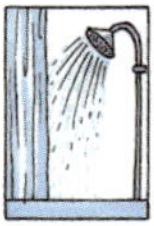

**la ducha**
la 'dutscha

**Perdón, he perdido...**
per'don e per'dido

Entschuldigung, ich habe ... verloren.

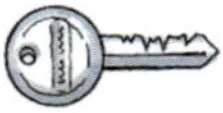

**la llave**
la 'jawe

**el secador de pelo**
el seka'dor de 'pelo

Und so können Sie eine Wiedergutmachung anbieten:

**¿Lo puedo pagar?**
lo 'puedo pa'gar

Kann ich es bezahlen?

**Lo voy a pagar.** lo 'woi a pa'gar

Ich werde es bezahlen.

**¿Podemos comprar otro?**
po'demos kom'prar 'otro

Können wir einen Ersatz dafür kaufen?

**Voy a comprar otro.**
'woi a kom'prar 'otro

Ich werde einen neuen/ein neues kaufen.

**Vamos a comprar otra.**
'wamos a kom'prar 'otra

Wir werden eine neue kaufen.

# Wörterbuch

## A

**a** a nach; zu
**el abanico** el aba'niko Fächer
**Adiós.** a'djos Auf Wiedersehen./Tschüs.
**el agua mineral** el 'agua mine'ral Mineralwasser
**Alemania** ale'mania Deutschland
**las aletas** las a'letas Flossen
**algo** 'algo etwas
**la ambulancia** la ambu'lanθia Krankenwagen
**el anillo** el a'nijo Ring
**el año** el 'anjo Jahr
**aquí** a'ki hier
**el ascensor** el asθen'sor Aufzug
**Austria** 'austria Österreich
**el autobús** el auto'bus Bus
**ayudar** aju'dar helfen

## B

**la bañera** la ba'njera Badewanne
**el bar** el 'bar Bar
**beber** be'ber trinken
**bien** bjen gut
**la blusa** la 'blusa Bluse
**el bolso** 'bolso Tasche
**bonito** bo'nito schön
**bueno** 'bueno gut

## C

**el café** el ka'fe Kaffee
**el calor** el ka'lor Wärme; Hitze
**la cama** la 'kama Bett
**las castañuelas** las kasta'njuelas Kastagnetten
**la cena** la 'θena Abendessen
**cerca** 'θerka in der Nähe
**la cerveza** la θer'weθa Bier
**el chorizo** el tscho'riθo *scharfe Paprikasalami*
**la ciudad** la θiu'daθ Stadt
**come** 'kome er/sie/es isst; Sie essen [Einzahl]
**comer** ko'mer essen
**la comida** la ko'mida (Mittag)Essen
**cómo** 'komo wie
**comprar** kom'prar kaufen
**compro** 'kompro ich kaufe
**con** kon mit

**la concha** laˈ kontscha Muschel
**la corbata** la korˈbata Krawatte
**costar** kosˈtar kosten
**cuándo** ˈkuando wann
**cuánto** ˈkuanto wie viel
**el cuchillo** el kuˈtschijo Messer
**cuesta** ˈkuesta es kostet
**cuestan** ˈkuestan sie kosten

## D

**de** de aus; von
**demasiado** demaˈsjado zu viel, allzu
**de nada** de ˈnada bitte; gern geschehen
**el dentista** el denˈtista Zahnarzt
**el desayuno** el desaˈjuno Frühstück
**el día** el ˈdia Tag
**dónde** ˈdonde wo
**dormir** dorˈmir schlafen
**dos** dos zwei
**la ducha** la ˈdutscha Dusche
**duele** ˈduele es tut weh

## E

**el** el der
**la empanada** la empaˈnada *gefüllte Pastete*
**en** en in
**la ensalada** la ensaˈlada Salat
**entrar** enˈtrar hineingehen
**eres** ˈeres du bist
**es** es er/sie/es ist; Sie sind [Einzahl]
**estado** esˈtado gewesen
**está** esˈta er/sie/es ist; Sie sind [Einzahl]
**¡Está bien!** esˈta bjen In Ordnung!
**esta** ˈesta diese
**estamos** esˈtamos wir sind
**estar** esˈtar sein
**estás** esˈtas du bist
**estas** ˈestas diese
**este** ˈeste dieser
**esto** ˈesto das hier; das da
**estos** ˈestos diese
**estoy** esˈtoi ich bin

## F

**la farmacia** la farˈmaθia Apotheke
**el favor** el faˈwor der Gefallen
**el flamenco** el flaˈmenko *spanischer Tanz*

## G

**las gafas de sol** las ˈgafas de ˈsol Sonnenbrille
**la galleta** la gaˈjeta Keks

**el gazpacho** el gaθˈpatscho *kalte Suppe*
**Gracias.** ˈgraθias Danke.
**grande** ˈgrande groß
**gusta** ˈgusta er/sie/es gefällt; Sie gefallen [Einzahl]
**gustar** gusˈtar gefallen
**gustaría** gustaˈria er/sie/es würde gefallen
**gustas** ˈgustas du gefällst

## H

**la habitación** la abitaˈθjon Zimmer
**hace** ˈaθe er/sie/es macht; Sie machen [Einzahl]
**hacemos** aˈθemos wir machen
**hacer** aˈθer tun, machen
**haces** ˈaθes du machst
**hago** ˈago ich mache
**hasta** ˈasta bis
**hay** ai es gibt es ist S.29
**hay que** ˈai ke man muss
**he** e ich bin; ich habe
**el helado** el eˈlado Eis
**hemos** ˈemos wir sind; wir haben
**Hola.** ˈola Hallo.
**hoy** oi heute

## I

**la iglesia** la igˈlesia Kirche
**ir** ir gehen; fahren

## J

**el jamón serrano** el chaˈmon serˈrano *luftgetrockneter Schinken*

## L

**la** ♀ la die [Einzahl]
**la lámpara** la ˈlampara Lampe
**el lavabo** el laˈwabo Waschbecken
**le** le ihm/ihr/ihn; Ihnen/Sie
**la llave** la ˈjawe Schlüssel
**lo** lo ihn/sie/es
**los** ♂ los die [Mehrzahl]
**luego** ˈluego später, nachher

## M

**mal** mal schlecht
**la maleta** la maˈleta Koffer
**mañana** maˈnjana morgen
**la mañana** la maˈnjana der Morgen
**más** mas mehr
**me** me mir, mich
**me llamo** me ˈjamo ich heiße
**el médico** el ˈmediko Arzt
**mejor** meˈchor besser
**menos** ˈmenos weniger
**¡Menos mal!** ˈmenos mal Zum Glück!
**el metro** el ˈmetro U-Bahn
**mi** mi mein/meine [Einzahl]

**el monedero** el mone'dero Geldbeutel
**mucho** 'mutscho viel
**muy** mui sehr

## N

**nada** 'nada nichts
**necesitamos** neθesi'tamos wir brauchen
**necesitar** neθesi'tar brauchen
**necesito** neθe'sito ich brauche
**la nevera** la ne'wera Kühlschrank
**no** no nein; nicht; kein/keine
**la noche** la 'notsche Nacht
**nos** nos uns

## O

**la oficina de turismo** la ofi'θina de tu'rismo das Fremdenverkehrsamt
**otro** 'otro ein anderer/anderes; noch ein

## P

**la paella** la pa'eja *spanische Reispfanne*
**pagar** pa'gar zahlen
**para** 'para für; um zu
**para qué** 'para 'ke wofür
**perdido** per'dido verloren; verirrt
**Perdón.** per'don Entschuldigung.
**pero** 'pero aber
**la piscina** la pis'θina Schwimmbad, Swimmingpool
**el plato** el 'plato Teller
**la playa** la 'plaja Strand
**poco** 'poko wenig
**podemos** po'demos wir können
**poder** po'der können; dürfen
**podría** po'dria ich/er/sie/es könnte; Sie könnten [Einzahl]
**podrías** po'drias du könntest
**la policía** la poli'θia Polizei
**por** por für; während
**por favor** por fa'wor bitte
**por qué** por 'ke warum
**puede** 'puede er/sie/es kann; Sie können [Einzahl]
**puedes** 'puedes du kannst
**puedo** 'puedo ich kann

## Q

**que** ke als; was; der/die/das; welcher/welche/welches

**qué** ke was?, welcher/welche/welches? [Fragewort]; wie ...! [Ausruf]
**queremos** keˈremos wir möchten
**querer** keˈrer mögen; wollen; lieben
**quién** kjen wer
**quiere** ˈkjere er/sie/es möchte; Sie möchten [Einzahl]
**quieres** ˈkjeres du möchtest
**quiero** ˈkjero ich möchte

## R

**el regalo** el reˈgalo Geschenk
**el reloj** el reˈloch Uhr
**el restaurante** el restauˈrante Restaurant
**roto** ˈroto kaputt; gebrochen

## S

**se** se sich; man
**se llama** se ˈjama er/sie/es heißt; Sie heißen [Einzahl]
**el secador de pelo** el sekaˈdor de ˈpelo Fön
**ser** ser sein
**sí** si ja
**la siesta** la ˈsjesta Mittagsschlaf
**el sombrero** el somˈbrero Hut
**somos** ˈsomos wir sind
**son** son sie sind
**la sopa** la ˈsopa Suppe
**soy** soi ich bin
**su** su sein/ihr; Ihr; seine/ihre; Ihre [Einzahl]
**Suiza** ˈsuiθa Schweiz

## T

**también** tamˈbjen auch
**las tapas** las ˈtapas *kleine Gerichte in Bars*
**tarde** ˈtarde spät
**la tarde** la ˈtarde Nachmittag, Abend
**el táxi** el ˈtaksi Taxi
**te** te dich
**te llamas** te ˈjamas du heißt
**el teléfono** el teˈlefono Telefon
**el televisor** el telewiˈsor Fernseher
**el tenedor** el teneˈdor Gabel
**tenemos** teˈnemos wir haben
**tener** teˈner haben
**tener que** teˈner ke müssen
**tengo** ˈtengo ich habe
**el tiempo** el ˈtjempo Zeit; Wetter
**tiene** ˈtjene er/sie/es hat; Sie haben [Einzahl]
**tienes** ˈtjenes du hast
**todo** ˈtodo alles

**¡Todo lo mejor!** ˈtodo lo meˈchor Alles Gute!
**la tortilla de patatas** la torˈtija de paˈtatas Kartoffelomelett
**el tranvía** el tranˈwia Straßenbahn
**el tren** el tren Zug
**tu** tu dein/deine [Einzahl]

## U

**un** un ein
**una** ˈuna eine
**uno** ˈuno eins; einen/eines
**usted** usˈteθ Sie [Einzahl]

## V

**va** ˈwa er/sie/es geht; Sie gehen [Einzahl]
**vamos** ˈwamos wir gehen
**vas** was du gehst
**el vaso** el ˈwaso Glas
**vemos** ˈwemos wir sehen
**el ventilador** el wentilaˈdor Ventilator
**veo** weo ich sehe
**ver** wer sehen; treffen
**ves** wes du siehst
**el vestido** el wesˈtido Kleid
**el vino** el ˈwino Wein
**vive** ˈwiwe er/sie/es lebt; Sie leben [Einzahl]
**vives** ˈwiwes du lebst
**vivimos** wiˈwimos wir leben
**vivir** wiˈwir leben
**vivo** ˈwiwo ich lebe
**voy** woi ich gehe

## W

**el wáter** el ˈwater Toilette

## Y

**y** i und
**ya** ja schon
**yo** jo ich

## Zahlen

| | | | |
|---|---|---|---|
| 0<br>**cero**<br>ˈθero | 1<br>**uno**<br>ˈuno | 2<br>**dos**<br>dos | 3<br>**tres**<br>tres |
| 4<br>**cuatro**<br>ˈkuatro | 5<br>**cinco**<br>ˈθinko | 6<br>**seis**<br>seis | 7<br>**siete**<br>ˈsjete |
| 8<br>**ocho**<br>ˈotscho | 9<br>**nueve**<br>ˈnuewe | 10<br>**diez**<br>djeθ | 11<br>**once**<br>ˈonθe |
| 12<br>**doce**<br>ˈdoθe | 13<br>**trece**<br>ˈtreθe | 14<br>**catorce**<br>kaˈtorθe | 15<br>**quince**<br>ˈkinθe |
| 16<br>**dieciséis**<br>djeθiˈseis | 17<br>**diecisiete**<br>djeθiˈsjete | 18<br>**dieciocho**<br>djeθiˈotscho | 19<br>**diecinueve**<br>djeθiˈnuewe |
| 20<br>**veinte**<br>ˈweinte | 21<br>**veintiuno**<br>weintiˈuno | 22<br>**veintidos**<br>weintiˈdos | 30<br>**treinta**<br>ˈtreinta |
| 31<br>**treinta y uno**<br>ˈtreintaiˈuno | 40<br>**cuarenta**<br>kuaˈrenta | 41<br>**cuarenta y uno**<br>kuaˈrentaiˈuno | 50<br>**cincuenta**<br>θinˈkuenta |
| 51<br>**cincuenta y uno**<br>θinˈkuentaiˈuno | 60<br>**sesenta**<br>seˈsenta | 61<br>**sesenta y uno**<br>seˈsentaiˈuno | 70<br>**setenta**<br>seˈtenta |
| 71<br>**setenta y uno**<br>seˈtentaiˈuno | 80<br>**ochenta**<br>oˈtschenta | 81<br>**ochenta y uno**<br>oˈtschentaiˈuno | 90<br>**noventa**<br>noˈwenta |

| | | | |
|---|---|---|---|
| 91<br>**noventa y uno**<br>noˈwentaiˈuno | 100<br>**cien**<br>θjen | 101<br>**ciento uno**<br>ˈθjento ˈuno | 200<br>**doscientos**<br>dosˈθjentos |
| 1000<br>**mil**<br>mil | 2000<br>**dos mil**<br>dos ˈmil | 679<br>**seiscientos setenta y nueve**<br>seisˈθjentos seˈtentaiˈnuewe | |

### SPRACHTIPP

Bei Zahlen über 20, die auf *-unc* enden, heißt es vor einem Substantiv immer *-ún*: *veintiún regalos* (21 Geschenke), *veintiún habitaciones* (21 Zimmer).
Obwohl man Zahlen wie *treinta y uno* (31) oder *cuarenta y uno* (41) etc. als drei Wörter schreibt, werden sie ohne Pause in einem einzigen Zug gesprochen.

## Wochentage

| | | | |
|---|---|---|---|
| Montag<br>**lunes**<br>ˈlunes | Dienstag<br>**martes**<br>ˈmartes | Mittwoch<br>**miércoles**<br>ˈmjerkoles | Donnerstag<br>**jueves**<br>ˈchuewes |
| Freitag<br>**viernes**<br>ˈwiernes | Samstag<br>**sábado**<br>ˈsabado | Sonntag<br>**domingo**<br>doˈmingo | |

**SPRACHTIPP**

Die spanischen Wochentage werden immer zusammen mit dem männlichen Artikel *el* verwendet.

Langenscheidt
„Mit Erfolg lernen!“
Mit den motivierenden Sprachkursen von Langenscheidt können Sie nicht nur schnell und systematisch Ihre Sprachkenntnisse erweitern, sondern auch noch Land und Leute richtig kennenlernen.
Starten Sie jetzt – das Kursangebot umfasst 17 Sprachen!
Langenscheidt
Spanisch mit System
Der Intensiv-Sprachkurs mit Buch, 4 Audio-CDs und 1 MP3-CD
Spanisch mit System
FÜHRT ZUVERLÄSSIG BIS ZUM NIVEAU B1
L
www.langenscheidt.de